SOPA DE POLLO PARA EL ALMA DEL ADOLESCENTE

Relatos sobre la vida, el amor y el aprendizaje

Jack Canfield
Mark Victor Hansen
Kimberly Kirberger

Health Communications, Inc.
Deerfield Beach, Florida

www.hci-online.com
www.chickensoup.com

Deseamos expresar nuestro agradecimiento a los muchos editores y personas ques nos concedierion su autorización para reproducir el material que aparece a continuación. (Nota: los cuentos anónimos, que son del dominio público, o aguéllos escritos por Jack Canfield, Mark Victor Hansen o Kimberly Kirberger no están incluidos en este listado.)

Después de un tiempo. Reproducido con autorización de Veronica Shoffstall. ©1971 Veronica Shoffstall.

Espíritus afines. Reproducido con autorización de Fran Leb. ©1996 Fran Leb.

Cómo perdí a una señorita maravillosa. Reproducido con autorización de Jack Schlatter. ©1996 Jack Schlatter.

Mi espectacular primer beso. Reproducido con autorización de Mary Jane West-Delgado. ©1996 Mary Jane West-Delgado.

Cambios en la vida. Reproducido con autorización de Sheila K. Reyman. ©1996 Sheila K. Reyman.

(Continúa en la página 204)

Datos del Catálogo de la Biblioteca del Congreso

Canfield, Jack, date.
    Chicken soup for the teenage soul. Spanish
Sopa de pollo para el alma del adolescente : relatos sobre la vida, el amor y el aprendizaje / Jack Canfield, Mark Victor Hansen, Kimberly Kirberger. [compiladores].
    p. cm.
    ISBN 1-55874-732-X
    1. Teenagers—Conduct of life. I. Canfield, Jack. II. Hansen, Mark Victor, III. Kirberger, Kimberly.
    BJ1661.C2718 1999   99-23611
    158.1'28'0835—dc21   CIP

©1999 Jack Canfield, Mark Victor Hansen

ISBN 1-55874-732-X

Editorial: Health Communications, Inc.
        3201 S.W. 15th Street
        Deerfield Beach, FL 33442-8190

Ilustración de la portada por Fred Babb
Rediseño de la portada por Andrea Perrine Brower

"Estoy orgullosa de ser parte de un libro que inspira a los adolescentes y resulta obvio que en verdad se preocupa por ellos. No hay sermones, no se les dice lo que no hay que hacer. Todos deberían leer este libro."

Jennifer Love Hewitt
cantante y actriz, *Party of Five*

"Qué regalo tan magnífico es este libro para los adolescentes. Estos relatos te harán reír, te harán llorar y te inspirarán para que te sientas mejor respecto a la vida, el amor y el aprendizaje."

Barbara De Angelis, Ph.D.
autora de éxito, *Real Moments*

"Me encanta este libro. Te levanta el ánimo y te enseña a obtener lo mejor de la vida a través de las historias de otras personas."

Janet, 15 años

"Leeré este libro una y otra vez. No sólo te entretiene, de hecho, cambia tu sentir interior . . . en forma positiva."

Jennifer, 16 años

"Me gustó leer sobre lo que sienten las muchachas en relación con los muchachos. Esa fue la mejor parte."

Michael, 16 años

"Después de leer esto me di cuenta de que puedo hacer más de lo que pensaba. Soy deportista, y a veces cuando tengo un mal juego, pienso que estoy acabado. Después de leer estas historias, ya no siento lo mismo."

Daniel, 15 años

Dedicatoria

*Dedicamos este libro con amor a
todos los adolescentes que se hicieron amigos nuestros
y que nos enseñaron a través de su amistad
que todos tenemos algo importante
para ofrecernos los unos a los otros.*

*Asimismo dedicamos este libro a
John y Jesse, dos adolescentes perennes
que dieron a Kim el tiempo y espacio para
trabajar en este libro durante dos años,
a Lia, la primera en hacernos ver la
posibilidad de crear este libro,
a Oran y Kyle, quienes enseñaron muchas cosas
a su papá durante sus años de adolescentes,
y a nuestros hijos más pequeños,
Christopher, Elisabeth y Melanie,
que pronto llegarán a la adolescencia,
y a quienes queremos mucho.*

Índice

4. SOBRE EL AMOR Y LA BONDAD

5. SOBRE EL APRENDIZAJE

6. SITUACIONES TRÁGICAS

7. INICIATIVAS CON IMPACTO

8. ¡LUCHA POR LO QUE QUIERES!

Agradecimientos

Se necesitan mil voces para narrar una sola historia.

Dicho de los indios norteamericanos

Nos llevó dos años escribir, recopilar y editar este libro. Ha sido una verdadera tarea de amor para todos nosotros. Una de las mayores alegrías al elaborar este libro fue trabajar con cientos de adolescentes y adultos que dieron a este proyecto no sólo su tiempo y atención, sino también su corazón y alma. Nos gustaría dar las gracias a las siguientes personas por su dedicación y colaboraciones, sin las cuales no habríamos podido crear este libro:

A los miembros de nuestras familias, esto es, a Georgia, Christopher, Oran, Kyle, Patty, Elisabeth, Melanie, John y Jesse, por compartir una vez más con nosotros el larguísimo proceso de crear un libro. Una vez más les agradecemos el habernos dado el espacio, tiempo y apoyo emocional que necesitábamos para proseguir con nuestra pasión y completar lo que debe haber parecido una tarea interminable. Los queremos más de lo que se puede expresar con palabras.

Queremos mostrar nuestro agradecimiento muy especial a un grupo de adolescentes que trabajó con nosotros para asegurar que este libro tratara aspectos que en verdad conciernen a los adolescentes. A Lisa Gumenick, cuyo entusiasmo por este proyecto estimuló al grupo entero, a Lisa Rothbard, cuya sinceridad y bondad nos conmovió a todos, a Bree Abel, por su increíble espíritu y su contagiosa seguridad en sí misma, a Hana Ivanhoe, por la profundidad de su carácter y por ser tan abierta con nosotros. A Jamie Yellin por su gran corazón y sonrisa, y a Lia Gay por ser siempre tan generosa con tu sabiduría. Ustedes son el corazón de este libro y deseamos expresarles nuestro agradecimiento y cariño. Asimismo nos gustaría dar las gracias a sus padres por reconocer la importancia de estas reuniones y asegurarse de que ustedes asistieran a ellas.

A Heather McNamara, por editar y preparar el manuscrito final con tanta facilidad, talento y claridad. Apreciamos profundamente tu increíble habilidad de tomar un borrador y ordenar todas las ideas. Eres una verdadera experta en tu trabajo.

A Patty Aubrey, por todo lo que haces para que nuestras vidas funcionen mejor y con más fluidez. Gracias por las incontables formas en que causas un gran impacto. ¡Eres la mejor!

A Nancy Mitchell, por la gran cantidad de horas que pasaste obteniendo permisos para los relatos y por tu agudo sentido de lo que sirve y de lo que no. Tu compromiso y dedicación, así como tus dotes detectivescas en el Internet, son sorprendentes.

A Jessie Braun, quien leyó todos los relatos (y había muchos), y quien amablemente nos indicó cuáles no servían con sólo rehusarse a mecanografiarlos. A los 18 años, haces gala de más sensatez que muchos adultos. Este libro no se habría dado sin ti.

A los estudiantes de la John F. Kennedy High School en Granada Hills, California, por darnos un gran cúmulo de opiniones e invaluables sugerencias para mejorar el primer borrador del manuscrito. Un agradecimiento especial para Willy Ackerman, por organizar este enorme proyecto.

A Kim Foley, cuya dedicación y arduo trabajo para apoyar a Kimberly Kirberger jamás cesa de inundar nuestros corazones de gratitud. Eres una persona extraordinaria.

A todas las personas que leyeron el manuscrito original, nos ayudaron a determinar las selecciones finales, e hicieron invaluables comentarios sobre cómo mejorar el libro: Bree Abel, Christine Belleris, Jessie Braun, Morgan Brown, Kyle Canfield, Taycora Canfield, Matthew Diener, Pegine Echivaria, Kim Foley, Sima Freed, Steve Freedman, Lia Gay, Jessica Ghaemmaghami, Randee Goldsmith, Lisa Gumenick, Alejandra Hernandez, Hana Ivanhoe, Ben Kay, Lauren Leb, Katy Leicht, James Malinchak, Maggie McQuisten, Dave Murcott, Lisa Rothbard, Hilary Russell, Alyson Sena, Marci Shimoff, Ben Watkins y Linda Zehr.

A Pegine Echivaria, Jim Hullihan, James Malinchak y Jack Schlatter, por todo su importante trabajo con adolescentes y por estar ante el teléfono horas enteras cuando necesitábamos apoyo y consejo experto acerca del mundo de los adolescentes de hoy día.

A Peter Vegso y Gary Seidler, de Health Communications, Inc., por creer en este libro y por su enorme trabajo para que llegara a las manos de millones de lectores. ¡Gracias, Peter y Gary!

A Christine Belleris, Matthew Diener y Mark Colucci, nuestros editores en Health Communications, Inc., por su generoso esfuerzo para que este libro alcanzara su mayor grado de excelencia.

A Fred Babb, por tus esfuerzos creativos al contribuir en el diseño de la portada del libro.

A Kim Weiss y Arielle Ford, por conseguir que la gente sepa que existe el libro a través de sus brillantes esfuerzos en las relaciones públicas.

A Teresa Spohn, Veronica Romero, Rosalie Miller, Lisa Williams, Julie Barnes y Kathleen Long, por atender todo lo demás en nuestras oficinas para que nosotros nos pudiésemos concentrar en la tarea de terminar este libro. A Terri Andruk y Clay White por alimentarnos con su deliciosa comida y generosos corazones.

A Leigh Taylor, Jessie Braun y Trudy Klefstad, cuya excelente capacidad en mecanografía nos ayudó a terminar este proyecto a tiempo.

A Dale Lindholm y Brad Frye, por su continuo apoyo. ¡Muchachos, ustedes son los mejores!

A Nancy Berg, Eileen Lawrence, Sharon Linnéa Scott, Dave Murcott y Jane Watkins, quienes obtuvieron maravillosas historias al adaptar algunas de las piezas más difíciles. ¡Gracias por ser tan talentosos y rápidos en su trabajo!

A las más de 1500 personas que presentaron relatos, poemas y otras obras para nuestra consideración. Todos ustedes saben quiénes son. Aunque muchas de las obras que enviaron eran maravillosas, sencillamente no encajaron en la estructura general de este libro. No obstante, ustedes nos proporcionaron cientos de horas de grata y estimulante lectura. Gracias.

Debido a la enormidad de este proyecto, estamos seguros de haber omitido los nombres de algunas de las personas que nos ayudaron. Lo lamentamos, sin embargo, agradecemos todas las manos que hicieron posible este libro. Gracias a todos por su visión, interés, compromiso y sinceras acciones. ¡Los queremos a todos!

Introducción

Querido adolescente,

Por fin, un libro para ti. DE VERDAD. Este libro está lleno de relatos que te harán reír y que te harán llorar. Será como tu mejor amigo, estará ahí cuando lo necesites, siempre dispuesto a narrarte una historia que sin lugar a dudas te hará sentir mejor. Cuando te sientas solo te hará compañía, y cuando estés pensando en tu futuro te dirá, "SÍ, tú puedes conseguirlo, sea lo que fuere lo que tengas en mente". Aquí hay relatos sobre sueños hechos realidad y amores perdidos; sobre cómo superar la timidez y sobrevivir al suicidio. Hay relatos de triunfo e historias tan tristes que definitivamente te harán llorar. Y cada uno de ellos pretende inspirarte, no sermonearte.

Cómo leer este libro

Lee este libro como quieras, de principio a fin o saltando de aquí para allá. Si hay un asunto en particular que te concierna o en el que tengas un interés especial, léelo primero. Latina Johnson, estudiante de secundaria, nos escribió después de leer el capítulo sobre las relaciones:

Diana Verdigan siente una relación especial con el relato "Tigresa":

Yo sentí lo mismo cuando tuve que dejar a mi gato. Nada de ira, nada de negativas, nada de histeria, sólo aceptar lo inevitable, y eso también me costó mucho. Es probable que el muchacho no vuelva a tener mascotas.

Este es un libro que nunca se termina de leer. Esperamos que lo leas una y otra vez, que acudas a él cuando tengas un problema o que te dirijas a él en busca de inspiración o guía.

Kara Salsburg, una adolescente, nos escribió respecto a los otros libros de *Sopa de pollo*, "Los leo una y otra vez. *Sopa de pollo para el alma* ha sido mi experiencia de lectura más agradable".

"Me encanta leer [los relatos de *Sopa de pollo*]", escribió Shannon Richard, de 14 años, "y considero que adquirí un nuevo concepto de la vida después de leerlos".

Comparte estos relatos

Pedimos a un grupo de expertos lectores que evaluaran estos relatos. Una de las expertas nos dijo que al final iban varios amigos a su casa todos los días después de la escuela, y en turnos se leían del libro unos a otros.

Al leer este libro descubrirás que sencillamente no puedes guardarte algunas de estas historias para ti solo. Las querrás compartir con algún amigo. Contamos con un sinnúmero de informes de adolescentes que se leen los relatos unos a otros por teléfono, o que se quedan hasta tarde por la noche con algún amigo para "leer sólo uno más".

A.J. Langer, quien interpretó a Rayanne en *My So-Called Life*, nos comentó que se llevó el libro a un campamento, y que ella y sus amigas se sentaban alrededor de la fogata para leerse unas a otras sus historias favoritas. Se sintieron tan inspiradas (y creativas), que después ellas mismas escribieron sus propias historias, las que a la noche siguiente se leían entre sí.

También nos han dicho los adolescentes que estos relatos les sirven para decir cosas que a ellos les son difíciles de expresar.

Este es *tu* libro

Era muy importante para nosotros que este libro tratara lo que realmente *te* interesa. Trabajamos mucho para asegurarnos que se tocaran los aspectos que te conciernen y que hablara de esos aspectos de manera imparcial y con cautela. Si sentíamos que un relato era sólo un sermón, o demasiado cursi, lo eliminábamos.

Después de que los estudiantes de la John F. Kennedy High School nos ayudaron a evaluar los relatos, recibimos literalmente cientos de cartas. Nos emocionó ver que habíamos conseguido nuestro objetivo.

Definitivamente este es un libro que voy a adquirir, no sólo para mí, también para mis amigos.

—Jason Martinson

Si fuera a comprar un libro, este es el libro que compraría.

—Regina Funtanilla

Lo que más me gustó fueron los poemas. Tienen de verdad mucho significado.

—Richard Nino

En verdad aprecio que a ustedes les importe lo que nosotros [estudiantes de secundaria] pensamos.

—Edward Zubyk

Comparte con nosotros

Nos encantaría saber lo que piensas. Por favor haznos saber cómo te afectaron estos relatos y cuáles fueron tus favoritos.

Asimismo, te agradeceríamos que nos enviaras algún relato que te gustaría someter a consideración para nuestro próximo *2nd Helping of Chicken Soup for the Teenage Soul.* Nos puedes enviar relatos y poemas que tú hayas escrito o que hayas leído y te hayan gustado.

Esperamos que disfrutes la lectura de este libro tanto como nosotros disfrutamos el recopilarlo, editarlo y escribirlo. La elaboración de esta *Sopa de pollo* ha sido una verdadera labor de amor.

Envía estos relatos, en inglés solamente, a:

Kimberly Kirberger
P.O. Box 936
Pacific Palisades, CA 90272
correo electrónico: Jewels24@aol.com

1

SOBRE LAS RELACIONES

Las relaciones, de cualquier tipo, son como arena en la mano. Si la sostienes suelta, con la mano abierta, la arena se queda donde está. En el instante en que cierras la mano y la comprimes para retenerla, la arena se te desliza entre los dedos. Tal vez conserves un poco, pero la mayor parte se te escurrirá. Una relación es algo similar. Si la dejas suelta, confiriendo respeto y libertad a la otra persona, lo más probable es que se mantenga intacta. Pero si la atrapas demasiado, si eres demasiado posesivo, la relación se escabulle y se pierde.

Kaleel Jamison, *The Nibble Theory*

Después de un tiempo

Después de un tiempo aprendes la sutil diferencia
  entre sostener una mano y encadenar un alma,
Y aprendes que amar no significa apoyarte y compañía
  no significa seguridad,
Y empiezas a aprender que los besos no son contratos
  y que los obsequios no son promesas,
Y comienzas a aceptar tus derrotas con la cabeza en
  alto y los ojos abiertos, con la gracia de un adulto,
  no con el pesar de un niño,
Y aprendes a construir todos tus senderos en el ahora
  porque el terreno del mañana es demasiado incierto
  para hacer planes.
Después de un tiempo aprendes que hasta el sol
  quema si recibes demasiado.
Así que siembra tu propio jardín y decora tu propia
  alma en lugar de esperar a que alguien te traiga
  flores.
Y aprendes que en verdad puedes resistir . . .
Que en verdad eres fuerte,
Y que en verdad vales.

Veronica A. Shoffstall
escrito a los 19 años

Espíritus afines

A menudo he narrado a mi hija Lauren la historia de cómo su padre y yo nos conocimos y de nuestro enamoramiento. Ahora que tiene 16 años, está preocupada porque comprende que su espíritu afín puede estar sentado junto a ella en una clase o hasta le puede pedir una cita, pero todavía no se siente preparada para hacer el mismo compromiso que sus padres hicieron años atrás.

Conocí a Mike el 9 de octubre de 1964. En la fiesta de nuestra amiga Andrea se encontraron de extremo a extremo del patio nuestros tímidos ojos. Nos sonreímos y después de un rato nos encontramos enfrascados en una conversación que duró toda la noche, excluidos todos los demás. Yo tenía 11 años, y él 12. A los tres días ya salíamos juntos, lo que terminó después de un mes algo tumultuoso.

Meses después, Mike todavía me invitó a su espectacular bar mitzvah e incluso me sacó a bailar. (Años más tarde me confesó que a pesar de mis frenos, mis piernas flacuchas y mi cabello estrambótico, pensaba que yo era bonita.)

Mike y yo teníamos muchos amigos en común, y en la

escuela pertenecíamos al mismo grupo social, por lo que a lo largo de los siguientes años nuestros caminos se cruzaron de continuo. Cada vez que yo terminaba con un novio u otro me rompía el corazón, mi madre exclamaba, "No te preocupes, tú vas a terminar con Mike Leb". Yo gritaba, "¡Jamás! ¿Por qué piensas eso?". Me recordaba lo mucho que aparecía su nombre en mis conversaciones y lo buen muchacho que era.

Por fin llegué a la secundaria, llena de nuevos muchachos agradables. Estaba lista. ¿Y a mí qué me importaba si Mike salía con mi mejor amiga? ¿Por qué, me preguntaba, me estaba volviendo esto loca poco a poco? ¿Por qué nos encontrábamos conversando mientras esperábamos nuestros autobuses? Jamás olvidaré los mocasines azul marino que usaba. Nadie más, que yo conociera, usaba unos zapatos tan extraordinarios. Las palabras de mi madre aparecían a menudo en mi cabeza, pero yo todavía las quería borrar.

En el verano después del décimo grado, Mike y yo pasamos más tiempo juntos, en compañía de su novia, también conocida como mi mejor amiga, y otros. Ese verano Mike partió hacia México en un programa para aprender español. Me di cuenta que en verdad lo extrañaba. Cuando regresó en agosto, me llamó y vino a casa. Se veía tan adorable con la piel bronceada y su porte mundano. Todavía no hablaba una palabra de español, pero estaba tan guapo. Era el 19 de agosto de 1968 cuando nos miramos frente a la puerta de mi casa y nos dimos cuenta que necesitábamos estar juntos. Claro que teníamos que esperar hasta después de la cita que yo tenía esa noche con otro muchacho. Le dije a mi pretendiente que iba a empezar a salir con Mike, por lo que tenía que regresar a casa temprano. Mike le dijo a su novia, con quien rompía y volvía una y otra vez, que rompían otra vez y para siempre.

Mantuvimos nuestra relación en secreto hasta que la pudiéramos anunciar orgullosamente en la siguiente fiesta. Llegamos tarde, y abiertamente anunciamos a todos nuestros amigos que oficialmente éramos una pareja. Nadie pareció sorprendido, ya que todo lo que se oyó fue, "por fin".

Después de graduarme de secundaria me fui a la universidad. Aguanté 10 semanas hasta que pude hacer mi cambio a una universidad más próxima para estar cerca de Mike. El 18 de junio de 1972 nos casamos. Yo tenía 19 años, y Mike 20. Establecimos nuestro nido de amor en la residencia para casados mientras ambos terminábamos la universidad. Yo me gradué de maestra de educación especial, mientras que Mike continuó en la escuela de medicina.

Ahora, 25 años después, yo les sonrío a nuestra hermosa hija Lauren y a nuestro guapo hijo Alex. Aunque el legado de sus padres hace que ellos vean las relaciones de secundaria algo diferente, ellos jamás tendrán que preocuparse de que sus padres les digan "No lo tomes tan en serio; es sólo un amor de adolescencia".

Fran Leb

Cómo perdí a una señorita maravillosa

Jamás pierdes cuando amas. Siempre pierdes cuando te cohibes.

Barbara De Angelis, Ph.D.

Jamás olvidaré el día en que vi por primera vez "un sueño caminando". Su nombre era Susie Summers (cambié el nombre para proteger lo fantástico). Su sonrisa, que brillaba debajo de dos ojos que centelleaban, era fabulosa y hacía que quienes la recibían (en especial los muchachos), se sintieran algo muy especial.

Aunque su belleza física era sorprendente, su invisible belleza es la que siempre recordaré. Su preocupación por los demás era verdadera y tenía un extraordinario talento para escuchar. Su sentido del humor hacía que tu día completo brillara y sus sabias palabras eran siempre exactamente lo que necesitabas escuchar. No sólo era admirada por todos, sino genuinamente respetada. Con todo en el mundo para ser vanidosa, era sumamente modesta.

No es necesario decir que era el sueño de todos los muchachos. En especial el mío. Conseguí acompañarla a clase una vez al día, y una vez incluso llegué a almorzar solo con ella. Me sentí en la cumbre del mundo. "Si pudiera tener una novia como Susie Summers, jamás volvería a poner mi vista en otra mujer", solía pensar. Pero consideraba que alguien tan maravilloso sólo podría salir con alguien mucho mejor que yo. Y aunque yo era presidente del cuerpo estudiantil, sabía que no tenía ni la más remota posibilidad.

Así que al graduarme le dije adiós a mi primer gran amor. Un año después encontré a su mejor amiga en un centro comercial y almorzamos juntos. Con un nudo en la garganta, le pregunté por Susie.

"Bueno, ya se recuperó de ti", fue la respuesta.

"¿De qué hablas?", le pregunté.

"Fuiste en verdad cruel con ella al hacerla pensar que la cortejabas, siempre acompañándola a clase y haciéndola creer que te interesaba. ¿Recuerdas aquella ocasión en que comieron juntos? Bueno, estuvo frente al teléfono todo el fin de semana, estaba segura de que la llamarías y le pedirías que saliera contigo."

Temía tanto el rechazo, que nunca me arriesgué a que conociera mis sentimientos. Supón que le hubiese pedido que saliera conmigo y que me hubiese respondido que no. ¿Qué es lo peor que podría haber sucedido? Que no hubiese salido con ella. Bueno, ¿sabes qué? DE CUALQUIER MODO NO SALÍ CON ELLA. ¡Lo que peor sienta es pensar que tal vez pude haberlo hecho!

Jack Schlatter

Mi espectacular primer beso

Yo fui una adolescente muy tímida, igual que mi primer novio. Estábamos en el segundo año de secundaria, en una ciudad pequeña. Ya llevábamos saliendo juntos seis meses, siempre nerviosamente tomados de la mano, *viendo* en verdad películas y hablando de nada en particular. Muchas veces casi llegamos a besarnos, ambos sabíamos que queríamos un beso, pero ninguno tenía el valor de dar el primer paso.

Finalmente, sentados en el sillón de mi casa, él decidió intentarlo. Hablábamos del tiempo (de verdad), y entonces él se inclinó hacia delante. Yo me puse un cojín en la cara para impedírselo, así que besó el cojín.

Deseaba taaaanto que me besara, pero estaba demasiado nerviosa como para permitir que se me acercara. Así que me retiré un poco. Él se me acercó. Hablamos de la película (¡qué importaba!), se inclinó de nuevo hacia mí, pero se lo impedí de nuevo.

Llegué al otro extremo del sillón. Él atrás de mí, y seguíamos conversando. Él se inclinó . . . yo me levanté (me debe haber dado un calambre en las piernas). Me dirigí hacia la puerta principal y ahí me quedé parada, apoyada contra la pared con los brazos cruzados y exclamé impaciente, "Bueno, ¿me vas a besar o no?". "Sí", respondió. Así que me estiré, cerré los ojos, plegué los labios y levanté la cara. Esperé... y esperé. (¿Por qué no me besaba?) Abrí los ojos y justo venía hacia mí. Sonreí. ¡ME BESÓ LOS DIENTES! Pude haberme muerto ahí. Se fue.

Me preguntaba si él le habría contado a alguien mi tonta conducta. Como yo era extremada y dolorosamente tímida, prácticamente me escondí durante los siguientes dos años, lo que hizo que no volviera a tener otro pretendiente durante la secundaria. Por cierto, cuando caminaba por el corredor de la escuela, si veía que él o algún otro muchacho guapo venía hacia mí, de inmediato entraba al salón más cercano hasta que pasaban. Y se trataba de muchachos que había conocido desde el jardín de niños.

Durante el primer año de universidad decidí ya no ser tímida. Quería aprender a besar con confianza y gracia. Y lo conseguí.

En la primavera regresé a casa. Visité mi último lugar de reunión preferido y a quién crees que vi sentado en la barra, a mi viejo compañero de beso. Fui directo a su banquillo y lo toqué en el hombro. Sin vacilar lo tomé entre mis brazos, lo incliné en su banquillo y le acomodé mi beso más agresivo. Lo levanté de nuevo, le eché una mirada de victoria y exclamé, "¡Ahí tienes!".

Señaló a la dama sentada a su lado y respondió, "Mary Jane, me gustaría presentarte a mi esposa".

Mary Jane West-Delgado

Cambios en la vida

Tenía yo 16 años y estaba en el penúltimo año de secundaria, y lo peor que me podía suceder, me sucedió. Mis padres decidieron que la familia se mudaba de Tejas a Arizona. Tenía dos semanas para arreglar todos mis "asuntos" y mudarme antes de que empezara la escuela. Tenía que dejar mi primer trabajo, a mi novio y a mi mejor amiga, y tratar de empezar una nueva vida. Despreciaba a mis padres por arruinar mi vida.

A todo el mundo le dije que no quería vivir en Arizona y que regresaría a Tejas a la primera oportunidad. Cuando llegué a Arizona, me aseguré de que todos supieran que tenía un novio y una mejor amiga esperándome en Tejas. Estaba determinada a guardar mi distancia de todos; de cualquier modo me iría pronto.

Llegó el primer día de clases y me sentí muy desdichada. Sólo podía pensar en mis amigos de Tejas y lo mucho que deseaba estar con ellos. Por una temporada sentí que mi vida no tenía sentido. Sin embargo, con el tiempo las cosas mejoraron un poco.

Fue durante mi clase de contabilidad del segundo periodo que lo vi por primera vez. Era alto, pulcro y realmente bien parecido. Nunca había visto yo unos ojos azules tan hermosos como los suyos. Estaba sentado a sólo tres lugares de mí en la primera hilera de la clase. Como consideraba que no tenía nada que perder, decidí hablarle.

"Hola, mi nombre es Sheila, ¿y el tuyo?", pregunté con acento tejano.

El muchacho junto a él pensó que me dirigía a *él*. "Mike."

"Ah, hola, Mike", le respondí por no ser descortés. "¿Cómo te llamas?", pregunté de nuevo, dirigiendo mi atención a este muchacho de ojos azules.

Miró hacia atrás, no creía que le estuviera preguntando yo a él su nombre. "Chris", respondió en voz baja.

"Hola, Chris", sonreí. Y me puse a trabajar.

Chris y yo nos hicimos amigos. Nos gustaba conversar en clase. Chris era deportista y yo estaba en la banda de la escuela; en secundaria la presión de los compañeros demandaba que no se mezclaran socialmente los dos grupos. Nuestros caminos se cruzaban de cuando en cuando en ocupaciones escolares; pero en general, nuestra amistad se limitó a las cuatro paredes del salón de contabilidad.

Chris se graduó ese año y por algún tiempo se separaron nuestros caminos. Después, un día llegó a verme a la tienda de la plaza comercial donde trabajaba. Me dio mucho gusto verlo. Tomó la costumbre de visitarme en mis descansos y empezamos a conversar de nuevo. La presión de sus amigos deportistas había disminuido y nos hicimos muy buenos amigos. Mi relación con mi novio de Tejas ya no me era tan importante. Sentía que mi relación con Chris crecía, que tomaba el lugar de mi relación de Tejas.

Había pasado un año desde que salí de Tejas y Arizona empezaba a parecer mi hogar. Chris fue mi acompañante en mi baile de gala cuando salí de secundaria; fuimos tres parejas juntas, nosotros y dos de sus amigos deportistas con sus parejas. La noche de mi baile de gala cambió nuestra relación para siempre, sus amigos me aceptaron y eso hizo que Chris se sintiera mejor. Finalmente nuestra relación podía quedar al descubierto.

Chris fue una persona muy importante para mí durante esa época de mi vida tan difícil. Con el tiempo, de nuestra relación surgió un amor muy fuerte. Ahora comprendo que mis padres no mudaron a la familia a Arizona para lastimarme, aunque en aquellos momentos eso sentí. Ahora creo firmemente que todo sucede por alguna razón. Porque si no me hubiera mudado a Arizona, jamás habría conocido al hombre de mis sueños.

Sheila K. Reyman

Un amor de secundaria que no olvido

Cuando lo veían caminar a través del campus de nuestra secundaria, casi para ningún estudiante pasaba inadvertido Bruce. Alto y desgarbado, era una réplica más delgada de James Dean, el cabello echado hacia atrás sobre la frente, y las cejas siempre levantadas cuando se enfrascaba en una conversación profunda. Era tierno, pensativo y profundo. Jamás lastimaría a nadie.

Me asustaba.

Acababa yo de romper con mi novio, el cual no era muy inteligente, uno de esos con quien una anda y a quien una regresa 30 veces por puro mal hábito, cuando Bruce me atajó en un pasaje del campus una mañana para caminar conmigo. Me ayudó a cargar mis libros y me hizo reír varias veces. Me gustaba. En verdad me gustaba.

Me asustaba porque era brillante. Pero al final comprendí que estaba más asustada de mí misma que de él.

Empezamos a caminar juntos más en la escuela. Levantaba la cara desde mi atiborrado casillero, con el corazón latiendo muy rápido, preguntándome si algún día me besaría. Nos habíamos estado viendo ya durante varias semanas y todavía no había intentado besarme.

Sin embargo, me tomaba de la mano, me rodeaba con su brazo y me enviaba con uno de mis libros a clase. Cuando lo abría, aparecía una nota escrita a mano con su escritura estilizada, en la que hablaba de amor y pasión en un sentido más profundo de lo que yo podía comprender a los 17 años.

Me enviaba libros, tarjetas y notas, y se sentaba conmigo en mi casa durante horas escuchando música. Le gustaba que yo escuchara en particular la canción "Tú trajiste alegría a mis lágrimas", de Stevie Wonder. Un día en el trabajo recibí una tarjeta de él que decía, "Te extraño cuando estoy triste. Te extraño cuando estoy solo. Pero sobre todo, te extraño cuando soy feliz".

Recuerdo que caminaba por la calle de nuestro pueblo, que las bocinas de los autos sonaban, que las cálidas luces de las tiendas invitaban a los paseantes a entrar y protegerse del frío, y en todo lo que yo podía pensar era, "Bruce me extraña sobre todo cuando es feliz. Qué cosa tan extraña".

Me sentía incómoda de tener un espíritu tan romántico a mi lado, un muchacho, un hombre verdadero a los 17 años, que reflexionaba en sus palabras, escuchaba todos los aspectos de una discusión, leía poesía hasta altas horas de la noche y con cuidado sopesaba sus decisiones. Sentía en él una profunda tristeza pero no podía comprenderla. Mirando atrás, ahora pienso que la tristeza provenía de ser una persona que no encuadraba en el contexto de la secundaria.

Nuestra relación era tan diferente de la que había tenido con mi novio anterior. Nuestra vida había sido en gran parte películas, palomitas de maíz y chismorreo. Rompíamos con regularidad y salíamos con otros. A veces parecía que el campus entero estaba enfocado en el drama de nuestras rupturas, las que siempre eran intensas y resultaban un gran espectáculo para que nuestros amigos discutieran. Una buena telenovela.

Yo comentaba con Bruce estas cosas y después de cada historia, me rodeaba con su brazo y me decía que él esperaría hasta que yo arreglara las cosas. Después me leía algo. Me regaló el libro *El Principito*, subrayadas las palabras, "Es sólo con los ojos de la mente que uno puede ver correctamente".

En respuesta, de la única manera que sabía hacerlo, yo le escribía cartas apasionadas de amor y poesía con una intensidad que nunca antes conocí. Pero seguía con mi muro levantado, manteniéndolo a distancia porque siempre temía que descubriera que yo era una impostora, que me faltaba mucho para ser una pensadora tan inteligente o profunda como lo consideraba yo a él.

Yo quería regresar a mis viejos hábitos de palomitas, películas y chismorreo. Era mucho más sencillo. Recuerdo muy bien el día en que estábamos Bruce y yo parados afuera en el frío y le dije que iba a regresar con mi antiguo novio. "Él me necesita más", le dije con voz de niña. "No es fácil que mueran los viejos hábitos."

Bruce me miró con tristeza, más por mí que por él. Él lo sabía, y yo lo supe después, que cometía un error.

Los años pasaron. Bruce se fue primero a la universidad, después yo. Cada vez que regresaba a casa para Navidad, iba a visitarlo a él y a su familia a su casa. Siempre me agradó su familia, sus cálidos saludos cuando me invitaban a pasar, siempre contentos de verme. Yo sabía, por la forma en que su familia se comportaba, que Bruce me había perdonado por mi error.

Una Navidad me dijo Bruce: "Siempre fuiste una buena escritora. Eras excelente".

"Sí." Su madre estuvo de acuerdo. "Escribías muy hermoso. Espero que nunca dejes de escribir."

"¿Pero, cómo sabe cómo escribo?", pregunté a la mamá.

"Bueno, Bruce compartía conmigo todas las cartas que

le escribías", respondió. "Nunca pudimos, ni él ni yo, olvidar lo hermoso que escribías."

Entonces vi que el papá también afirmaba con la cabeza. Me hundí en mi asiento y me sonrojé. ¿Qué había escrito exactamente en aquellas cartas?

Nunca supe que Bruce hubiera admirado mi manera de escribir tanto como yo su inteligencia.

Con los años perdimos el contacto. Lo último que escuché de su padre fue que Bruce se había ido a San Francisco y pensaba llegar a ser cocinero en jefe. Experimenté varias relaciones malas hasta que finalmente me casé con un hombre maravilloso, también muy inteligente. Para entonces era yo más madura y podía arreglármelas con la inteligencia de mi marido, sobre todo cuando me hacía recordar que yo tenía la mía.

No hay otro novio en el que piense con cierto interés, excepto Bruce. Ante todo, espero que sea feliz. Se lo merece. De muchas maneras pienso que él me ayudó a formarme, me ayudó a que aprendiera a aceptar el lado de mí que me rehusaba a ver entre películas, palomitas y chismorreo. Me enseñó a ver mi espíritu y a la escritora que había en mí.

Diana L. Chapman

$\overline{\underline{2}}$

SOBRE
LA AMISTAD

Hay personas que llegan a nuestra vida y pronto se van. Hay las que se quedan por algún tiempo y dejan huella en nuestro corazón. Y nunca, jamás, volvemos a ser los mismos.

Origen desconocido

Una sencilla tarjeta de Navidad

Un amigo es un regalo que te haces a ti mismo.

Robert Louis Stevenson

Abbie, tímida y reservada, empezó el noveno grado en una secundaria del centro de la gran ciudad. Jamás se le ocurrió que se sentiría sola. Pero pronto se encontró soñando con su antigua clase de octavo grado. Había sido pequeña y amigable. Esta nueva escuela era demasiado impersonal y nada amigable.

A nadie en esta escuela le parecía importar si Abbie se sentía acogida o no. Ella era una persona muy atenta, pero su timidez le impedía hacer amigos. Bueno, tenía esos compañeros ocasionales, ya sabes, esos que sacaban provecho de su amabilidad, engañándola.

Caminaba todos los días por los corredores casi invisible; nadie le hablaba, por lo que nunca se escuchaba su voz. Llegó al punto en que consideró que sus pensamientos no eran tan buenos como para que alguien los escuchara; así que siguió callada, casi muda.

Sus padres estaban muy preocupados por ella, pues temían que jamás tuviera amigos. Y en vista de que estaban divorciados, tal vez necesitaba con urgencia conversar con alguna amiga. Sus padres hicieron todo lo posible por ayudarla a encajar. Le compraron la ropa y los CD de moda, pero tampoco funcionó.

Por desgracia, los padres de Abbie no sabían que pensaba terminar con su vida. Con frecuencia lloraba hasta quedarse dormida, pensando que nadie la querría nunca tanto como para ser un amigo de verdad.

Su nueva compañera Tammy la utilizaba para hacer su tarea pretendiendo que necesitaba ayuda. Lo que es peor, Tammy no invitaba a Abbie a divertirse con ella. Esto sólo llevó a Abbie más a la desesperación.

Las cosas empeoraron en el verano; Abbie estaba totalmente sola sin nada que hacer más que dejar que su mente divagara. Llegó a pensar que esto era todo lo que la vida ofrecía. Desde el punto de vista de Abbie, no valía la pena vivir.

Empezó el décimo grado y se unió a un grupo de jóvenes cristianos en la iglesia de la localidad, con la esperanza de hacerse de amigos. Se topó con muchachos que en el exterior parecían acogerla, pero que en el interior deseaban que se quedara afuera de su grupo.

Para la época de Navidad, Abbie estaba tan confundida, que tomaba tabletas que la ayudaban a dormir. Era como si estuviese huyendo del mundo.

Finalmente decidió que saltaría en Nochebuena, mientras sus padres estaban en una fiesta, del puente del lugar. Al dejar el calor de su casa para emprender la larga caminata hasta el puente, decidió dejar a sus padres una nota en el buzón. Cuando abrió la puerta del buzón, encontró que había correspondencia.

Sacó las cartas para ver de quién eran. Había una de sus abuelos, algunas de vecinos ... y había una dirigida a ella. La abrió, era una tarjeta de uno de los muchachos del grupo de jóvenes.

Querida Abbie,

Quiero disculparme por no haber hablado contigo antes, pero mis padres están en pleno divorcio, por lo que no he tenido oportunidad de hablar con nadie. Tal vez tú podrías ayudarme con alguna de mis dudas respecto a los hijos de padres divorciados. Creo que podríamos llegar a ser amigos y ayudarnos el uno al otro. Te veo el domingo en el grupo de jóvenes.

Sinceramente, tu amigo
Wesley Hill

Miró la tarjeta un momento, la leyó una y otra vez. "Llegar a ser amigos", sonrió al comprender que había alguien a quien le preocupaba su vida y que quería a la tranquila y sencilla Abbie Knight como amiga. Se sintió muy especial.

Se dio la media vuelta y regresó a su casa. Tan pronto traspasó la puerta, llamó a Wesley. Creo que se puede decir que fue un milagro de Navidad, porque la amistad es el mejor regalo que le puedes dar a cualquiera.

Theresa Peterson

Me dijo que podía llorar

Se necesita mucha comprensión, tiempo y confianza para llegar a establecer una amistad íntima con alguien. Como estoy llegando a una etapa de mi vida de total incertidumbre, mis amigos son mi más preciado tesoro.

Erynn Miller, 18 años

Anoche la vi de nuevo después de muchos años. Se veía fatal. Se había aclarado el cabello, tratando de ocultar su verdadero color, así como su hosco aspecto pretendía ocultar su desdicha. Necesitaba hablar, así que fuimos a caminar. Mientras yo pensaba en mi futuro, en los formularios de la universidad que acababan de llegar, ella pensaba en su pasado, en el hogar que acababa de abandonar. Entonces habló. Me habló de su amor, y vi una relación dependiente con un hombre dominante. Me habló de drogas, y vi que eran su escape. Me habló de sus objetivos, y vi sueños materialistas irreales. Me dijo que necesitaba una amiga, y vi esperanza, porque por lo menos eso sí le podía dar.

Nos conocimos en el segundo grado. A ella le faltaba un

diente, a mí me faltaban mis amigos. Me acababa de mudar desde el otro lado del continente para encontrar columpios de metal fríos y frías caras presuntuosas fuera de las premonitorias puertas de mi nueva escuela, la P.S. 174. Le pregunté si podía ver su revista de Archie, aunque en realidad no me gustaban las tiras cómicas; ella aceptó, aunque en realidad no le gustaba prestar. Tal vez ambas buscábamos una sonrisa. Y la encontramos. Encontramos a alguien con quien reír hasta tarde por la noche, alguien con quien tomar chocolate caliente en los fríos días de invierno cuando se cancelaba la escuela y nos sentábamos juntas frente a la ventana a ver cómo caía la nieve interminablemente.

En verano, junto a la piscina, me picó una abeja. Me tomó de la mano y me dijo que ella estaba ahí, y que podía llorar, y lloré. En otoño, amontonábamos las hojas y saltábamos en turnos, nunca tuvimos miedo porque sabíamos que la cama multicolor mitigaría nuestra caída.

Sólo que ahora ella había caído y no había nada que mitigara su golpe. No habíamos hablado en meses, no nos habíamos visto en años. Yo me había mudado a California, ella se había marchado de su casa. Nuestras experiencias nos separaban millas de distancia, haciendo que nuestros corazones estuvieran mucho más lejos uno del otro que el continente que ella acababa de atravesar. Con sus palabras me hacía sentir ajena, pero a través de sus ojos sentí sus anhelos. Necesitaba apoyo en su búsqueda de fortaleza y un nuevo comienzo. Necesitaba mi amistad ahora más que nunca. Así que tomé su mano y le dije que yo estaba ahí, y que podía llorar, y lloró.

Daphna Renan

Los días de las cajas de cartón

Diviértete mucho. Estos son los buenos viejos días que vas a extrañar en los años por venir.

Anónimo

Las cajas de cartón jugaron un papel significativo en mi infancia. No me interpretes mal; los juguetes también fueron maravillosos, pero nada podía superar a una caja de cartón, junto con algunos niños, en especial mis dos mejores amigos y vecinos, Chris y Nick, dos hermanos que vivían a tres cuadras de distancia.

El verano siempre fue la época ideal para tener una caja de cartón. Los largos y lentos días ofrecían tiempo suficiente para experimentar la verdadera esencia de una caja y para relacionarnos a fondo con ella. Sin embargo, para relacionarnos con una caja, primero teníamos que encontrarla. Los tres amigos nos encaramábamos en la parte trasera del camión de mis padres, peleándonos antes un poco por sentarnos sobre los cotizados neumáticos, y después cantábamos la canción de "Na Na Na" (cualquier canción de la que sólo supiésemos algunas palabras pero que de cualquier modo cantábamos) mientras esperábamos a que mi mamá encontrara sus llaves. A ninguno se nos ocurriría sugerir viajar adelante; eso era para los timoratos.

Un día, después de un sinnúmero de canciones de "Na Na Na", mamá nos llevó a un lugar donde había cajas, ¡y ahí estaba! La caja más hermosa que jamás hubiésemos visto. Era una caja de refrigerador, definitivamente la mejor. Las cajas de refrigerador podían viajar a lugares mucho mejores que cualquier otra caja, y su capacidad de ser cualquier cosa era sencillamente fenomenal. La mueblería y sala de exhibición había arrojado este glorioso obsequio fuera de sus puertas traseras como algo inútil. Llegamos justo a tiempo para rescatarla de las nefastas quijadas de un camión de basura.

Estábamos a la expectativa mientras veíamos a mamá deslizar la caja dentro de la parte posterior del camión. Nos deslizamos dentro de la caja para el regreso a casa, protegidos del viento y de los insectos, los que parecían atinarle a nuestras gargantas a mitad de algún "Na".

El regreso al vecindario fue una experiencia que nos hizo sentir que éramos lo máximo. Todos los que estaban afuera pudieron vernos, y pronto se corrió la voz de que Nick, Chris y Eva poseían una caja de refrigerador. Sabes, quien poseía una caja de refrigerador adquiría una posición muy especial. Nos volveríamos leyenda. Llevaríamos a nuestra caja a donde ningún niño hubiera ido antes.

Descargamos nuestro tesoro y lo llevamos con mucho cuidado al patio trasero. Chris dijo que deberíamos guardar unos minutos de silencio para reflexionar, y entonces podríamos discutir nuestras ideas respecto a esta magnífica adquisición. Lo hicimos unos cinco segundos, y de pronto, como si una fuerza desconocida hubiera activado nuestras cuerdas vocales, empezamos a cantar:

Na na na na
Nuestra caja es excelente
Na na na
¡Y nosotros también!

Está bien, era una canción muy corta, pero era hermosa. Y estoy segura de que conmovió el corazón de todo aquel afortunado que la escuchó. Llegó el momento de tomar una decisión. "Vamos a Zo en nuestra caja", exclamé.

"¿Quién?", Nick y Chris me miraron con extrañeza.

"A dónde ir o a dónde no, esa es la cuestión", respondí. Nick me dijo que no tenía sentido lo que decía, y les expliqué que era muy sencillo, que él y Chris sólo necesitaban aprender a pensar al revés. Chris decidió que Nick tenía razón, que lo que yo decía no tenía sentido.

"Zo es Oz al revés, ignorantes. Vamos a ir a Zo y vamos a hacer todo lo que Dorothy hace en Oz, pero al revés." Se lo dije gritando porque sabía que ellos tenían más capacidad de la que estaban usando.

Chris me miró primero, y después a la caja, al comprender mi brillante idea. Yo me preguntaba si Chris y Nick estarían seriamente enfermos porque ya deberían de saber para entonces, por nuestras anteriores experiencias, que las cajas (especialmente ésta) podían llevarnos a cualquier parte. Podíamos ser o hacer lo que quisiéramos por la fuerza de la todopoderosa caja de refrigerador. Y también en eso podíamos ir al revés.

"Sabes, Eva tiene razón", manifestó Chris. "Nunca antes hemos hecho nada al revés, así que hagámoslo por primera vez. Pero podemos ir *a cualquier lugar* al revés, no sólo a Zo."

En ese momento de nuestra joven vida comprendimos con claridad que íbamos a pasar a la historia. Gente de todo el mundo hablaría de "los tres niños de la caja de al revés". Otros niños intentarían ir adonde habíamos ido, pero ninguno podría ser jamás como nosotros porque su imaginación era inferior a la nuestra.

Hicimos una solemne declaración de que nuestra caja sería una máquina del tiempo. Juramos sobre galletas de crema de cacahuete con chocolate que conservaríamos esta idea de al revés para siempre (por lo menos hasta la siguiente caja). Y a aquel que rompiera una promesa hecha sobre una galleta de crema de cacahuete con chocolate se le consideraría en esencia inmoral.

Después de haber viajado varios años en el pasado, nos enfrentamos a un dilema. Estábamos de visita con un cantante llamado Elvis, quien nos preguntó cómo habíamos llegado hasta Graceland. Le hablamos acerca de nuestra máquina del tiempo, la idea de al revés, la promesa sobre una galleta de crema de cacahuete con chocolate y cómo íbamos a pasar a la historia. Elvis se veía bastante entusiasmado por nosotros y dijo que éramos unos niños fabulosos... pero...

"¿Pero qué?", exclamamos.

Nos preguntó cómo íbamos a regresar a casa si sólo podíamos ir al revés.

En toda nuestra vida, nunca nos habíamos enfrentado a un predicamento similar. Tampoco habíamos roto nunca una promesa sobre una galleta de crema de cacahuete con chocolate. Estábamos, ya sabes, en un aprieto, pero no capitularíamos. La vida siempre tiene sus altibajos, este era sólo uno de los más bajos, que requeriría toda una noche de reflexión. Por suerte, nuestros padres no nos dejarían pasar toda la noche jugando a que 'era de verdad'.

Al poco rato mi mamá nos llamó por la puerta de atrás, sacándonos de nuestro mundo fantástico y haciéndonos aterrizar abruptamente de nuevo en el patio. Era ya tiempo de que Nick y Chris se fueran a casa. Los tres hicimos rápido planes para encontrarnos a las ocho de la mañana del siguiente día para discutir soluciones que nos sacaran del desastre en el que estábamos. Mientras yo entraba corriendo por la puerta de atrás, Nick y Chris se echaron a correr las tres cuadras que los separaban de su casa. No se podía desperdiciar tiempo, sólo teníamos hasta mañana, antes de regresar a la realidad de nuestro mundo imaginario.

A las 7:33 de la mañana siguiente, el teléfono rompió el silencio y yo salí tambaleante de mi cama con cierto malestar de tanto haber reflexionado. Cuando contesté el teléfono, Nick exigió saber si había protegido la caja con plástico la noche anterior como se suponía haríamos en caso de lluvia. Miré fuera de la ventana para advertir que había llovido, que había caído un fuerte aguacero. Con gran dolor en mi corazón, contesté que no la había protegido, pero que la responsabilidad era de todos, por lo que no era nada más mi culpa.

Nick y Chris vinieron al instante, y el silencio sustituyó a nuestra charlatanería habitual. Nuestra caja estuvo con nosotros sólo un día. Ahora estábamos atrapados en el mundo de verdad porque nuestra caja había muerto.

El cartón empapado no podía quedarse en el patio a echarse a perder. Había sido una buena caja mientras duró, y merecía el respeto apropiado. Así que la arrastramos hasta la calle, al sitio en donde se recogía la basura. El día anterior la habíamos salvado del camión de basura que se habría llevado su vida demasiado pronto; ahora era el momento de que nuestra caja nos dejara. Aunque murió de muerte natural, pudo haberse prevenido. Esta realidad fue un peso que cargamos a lo largo de toda nuestra infancia.

Los tres nos sentamos cerca de nuestra caja muerta para estar presentes cuando llegara el camión de basura. Incluso hicimos un réquiem de "Na Na Na" y cantamos con todas nuestras fuerzas mientras el camión se llevaba nuestra caja. Nadie pudo haber puesto más sinceridad o emoción en una canción que nosotros aquel día. Aunque estábamos de luto por nuestra caja, sabíamos que teníamos que seguir adelante. Teníamos que encontrar otra caja y teníamos que crear otro mundo imaginario con ella. Extraño los días de cajas de cartón. Sin embargo, así como tuvimos que seguir adelante después de la pérdida de nuestra caja, yo tenía que seguir de igual modo adelante y crecer. Pero la fantasía de mi niñez será siempre parte de mí. Siempre creeré en las cajas de cartón.

Eva Burke

3

SOBRE
LA FAMILIA

*La familia, ese querido pulpo de cuyos
tentáculos nunca escapamos del todo, ni,
en lo más profundo de nuestros corazones,
deseamos escapar del todo.*

Dodie Smith

Ella no me abandonó

*Ella nunca me abandonó. Mi mamá es mi
héroe.*

Kimberly Anne Brand

Yo yacía en el suelo furiosa, pataleando y gritando
hasta que se me lastimó la garganta, todo porque mi
madre adoptiva me había pedido que recogiera mis
juguetes.

"Te odio", aullé. Tenía seis años de edad y no comprendía por qué me sentía todo el tiempo tan enfurecida.

Desde los dos años de edad había estado viviendo en
adopción. Mi verdadera mamá no podía darnos a mis
cinco hermanas y a mí la atención que necesitábamos. En
vista de que no teníamos papá o alguien más que nos
atendiera, se nos colocó en diferentes casas adoptivas. Yo
me sentía sola y confundida. No sabía cómo manifestar mi
dolor interior. La única forma que conocía para expresar
mis sentimientos era el berrinche.

Como yo seguía portándome mal, con el tiempo, mi
madre adoptiva del momento me enviaba de regreso a la
agencia de adopción, igual que lo había hecho la mamá

anterior. Yo consideraba que era la niña que inspiraba menos amor en el mundo.

Entonces conocí a Kate McCann. En aquel momento tenía yo siete años y vivía con mi tercera familia adoptiva cuando ella llegó de visita. Cuando mi madre adoptiva me dijo que Kate era soltera y quería adoptar a un niño, no pensé que me elegiría. No podía imaginar que alguien quisiera que yo viviera a su lado para siempre.

Ese día, Kate me llevó a una granja de calabazas. Nos divertimos mucho, pero no pensé que la volvería a ver.

Unos días más tarde, un trabajador social vino a casa para decir que Kate quería adoptarme. Después me preguntó si a mí me importaría vivir con sólo una mamá en lugar de con una mamá y un papá.

"Todo lo que quiero es alguien que me quiera", dije.

Kate nos visitó al siguiente día. Explicó que se necesitaría un año para que la adopción fuera válida, pero que pronto me podría ir a vivir con ella. Yo me sentí emocionada pero también asustada. Kate y yo éramos perfectas desconocidas. Me preguntaba si ella cambiaría su parecer una vez que me llegara a conocer a fondo.

Kate percibió mi temor. "Sé que te han lastimado", manifestó, abrazándome. "Sé que estás asustada. Pero te prometo que nunca te enviaré de regreso. Ahora tú y yo somos una familia."

Para mi sorpresa, sus ojos estaban anegados de lágrimas. De pronto comprendí que ella estaba tan sola como yo.

"Está bien . . . mamá", respondí.

A la siguiente semana conocí a mis nuevos abuelos, tía, tío y primos. Fue una sensación curiosa, pero bonita, estar con extraños que me abrazaban como si ya me quisieran.

Cuando me mudé a casa de mamá, por primera vez tuve mi habitación propia. Estaba tapizada y tenía un sobrecama que hacía juego, una cómoda antigua y un armario grande. Yo sólo llevaba poca ropa en una bolsa de papel marrón. "No te preocupes", exclamó mamá. "Yo te compraré muchas cosas nuevas bonitas."

Esa noche me fui a dormir sintiéndome segura. Recé para que nunca tuviera que irme de ahí.

Mamá hizo muchas cosas buenas para mí. Me llevó a la iglesia. Me dejó tener mascotas y me dio clases de equitación y piano. Todos los días me decía que me quería. Pero el amor no era suficiente para que sanara la herida en mi interior. Yo seguía esperando que ella cambiara de parecer. Pensaba, "si me comporto muy mal, me abandonará como las otras".

Así que traté de herirla primero, antes de que ella me hiriera a mí. Por cualquier cosa iniciaba un pleito y hacía berrinches cuando no salían las cosas a mi modo. Daba portazos, y si mamá trataba de impedírmelo, le pegaba. Pero ella nunca perdió la paciencia. Me abrazaba y me decía que ella de cualquier modo me quería. Cuando me enojaba, me hacía brincar sobre un trampolín.

Como me iba muy mal en la escuela cuando llegué a vivir con ella, mamá fue muy estricta acerca de mis tareas. Un día que estaba yo viendo televisión, entró y la apagó. "Puedes ver televisión cuando termines de hacer la tarea", manifestó. Yo exploté, cogí mis libros y los arrojé por todo el cuarto. "Te odio y ya no quiero vivir aquí", grité.

Esperé a que ella me ordenara que empezara a empacar. Como no lo hizo, pregunté, "¿No me vas a enviar de regreso?".

"No me gusta tu comportamiento", señaló, "pero jamás te enviaré de regreso. Somos una familia y las familias no se abandonan los unos a los otros".

Entonces lo comprendí. Esta mamá era diferente; no se pensaba deshacer de mí. En verdad me quería. Y comprendí que yo también la quería. Lloré y la abracé.

En 1985, cuando mamá me adoptó formalmente, la

familia entera lo celebró en un restaurante. Era bonito pertenecerle a alguien. Pero seguía asustada. ¿Podía una mamá quererme en verdad toda la vida? Mis berrinches no desaparecieron de inmediato, pero con el paso del tiempo, se presentaron con menos frecuencia.

Ahora tengo 16 años, tengo un buen promedio, un caballo llamado Dagger's Point, cuatro gatos, un perro, seis palomas y una rana mugidora que vive en el estanque del patio de atrás. Y tengo un sueño, quiero ser veterinaria.

A mamá y a mí nos gusta hacer cosas juntas, como ir de compras y montar a caballo. Sonreímos cuando la gente nos dice que nos parecemos mucho. No creen que no sea mi verdadera mamá.

Ahora soy más feliz de lo que jamás imaginé pudiera ser. Cuando sea mayor, me gustaría casarme y tener hijos, pero si eso no funciona, recurriré a la adopción igual que mamá. Seleccionaré a un niño asustado y solitario y después nunca, nunca, lo abandonaré. ¡Soy tan feliz de que mamá no me abandonara!

Sharon Whitley
extraído de la revista Woman's World

Mamá incondicional

Mi mamá tuvo muchos problemas conmigo,
pero creo que lo disfrutó.

Mark Twain

Yo fui una adolescente abominable. No como la mayoría, que supone que lo sabe todo, que no limpia su habitación, que muestra una actitud de 'porque tengo quince años'. No, yo era un monstruo manipulativo, mentiroso, de lengua mordaz, que comprendí desde temprana edad que podía lograr que las cosas se hicieran a mi modo con sólo unos pequeños ajustes menores. Los escritores de las telenovelas más candentes de hoy día no podrían crear una "villana" peor. Algunos comentarios maliciosos aquí, una mentira o dos allá, tal vez una mirada maligna como toque final, y las cosas me resultaban grandiosas. O por lo menos así lo pensaba yo.

La mayor parte del tiempo, y en el exterior, era yo una buena chica. Una marimacha risueña de nariz respingada, a quien le gustaban los deportes y le emocionaban las competencias (una bonita forma de decir, agresiva y exigente). Y es quizás por eso que mucha gente me dejaba ingeniármelas y usar lo que yo ahora denomino "tácticas de conducta de tractor", esto es, sin consideración alguna por nadie a quien yo sintiera de valor. Por algún tiempo, por lo menos.

En vista de que yo era bastante perspicaz para que algunos se doblegaran a mi voluntad, me sorprende que haya necesitado tanto tiempo para comprender que estaba lastimando a mucha gente. No sólo logré alejar a muchos de mis mejores amigos al tratar de controlarlos; también conseguí sabotear, una y otra vez, la relación más preciada en mi vida: la relación con mi madre.

Incluso ahora, a casi 10 años de que naciera mi nuevo yo, mi comportamiento anterior me sigue asombrando cada vez que lo recuerdo. Comentarios ofensivos que hieren y lastiman a la gente que más quería. Actitudes de confusión e ira que parecían gobernar mis movimientos, todo para asegurarme de que las cosas se hicieran a mi modo.

Mi madre, quien me trajo al mundo a sus 38 años en contra de la voluntad del médico, me gritaba, "Esperé tanto tiempo tu llegada, por favor no me alejes. Quiero ayudarte".

Yo le respondía con mi mejor cara de piedra, "Yo no te lo pedí. Nunca quise que te preocuparas por mí. Déjame en paz y olvídate de mí".

Mi mamá empezó a creer que yo lo decía de verdad. Mis acciones no mostraban otra cosa.

Yo era mala y manipulativa al tratar de hacer mi voluntad a toda costa. Al igual que muchas muchachas de secundaria, los muchachos que yo sabía que ya tenían un compromiso, eran los primeros con los que tenía que salir. Me escabullía fuera de casa a todas horas de la noche, sólo para demostrar que podía. Engañaba con mentiras complejas que siempre estaban al borde de estallar en mi cara. Encontraba cualquier modo de atraer la atención hacia mí aunque al mismo tiempo trataba de ser invisible.

Es irónico, pero me gustaría decir que le entraba duro a las drogas en ese periodo de mi vida, que tragaba píldoras para alterar la mente y fumaba cosas que cambiaban mi personalidad, como pretexto de las terribles y mordaces palabras que salían volando de mi boca. Sin embargo, no era ese el caso. Mi única adicción era el odio; mi única emoción era infligir dolor.

Pero de pronto me empecé a preguntar por qué. ¿Por qué la necesidad de lastimar? ¿Y por qué a la gente que más quería? ¿Por qué la necesidad de tantas mentiras? ¿Por qué los ataques a mi madre? Me estaba volviendo loca con todos estos "por qué" hasta que un día exploté en un ataque suicida.

Acostada despierta en el "hotel" (mi nombre de cariño para el hospital), la noche siguiente a mi intento cobarde y fallido de saltar desde un vehículo que corría a 120 kilómetros por hora, algo me quedó muy claro, que no quería morir.

Y que no quería infligir más dolor a la gente para ocultar lo que en verdad trataba de esconder, esto es, el odio a mí misma. Odio a mí misma desatado contra todos los demás.

Por primera vez en años, vi el rostro adolorido de mi madre, ojos marrones cálidos y cansados con ninguna otra cosa que agradecimiento por la nueva oportunidad de vivir de su hija y amor por su pequeña que esperó 38 años para tener.

Mi primer encuentro con el amor incondicional. ¡Qué sentimiento tan poderoso!

A pesar de todas las mentiras que le había dicho, me seguía queriendo. Una tarde lloré en su regazo horas enteras y le pregunté por qué me seguía queriendo después de todas las cosas horribles que le había hecho. Solamente me miró, me retiró el cabello de la cara y me dijo con franqueza, "No lo sé".

Algo similar a una sonrisa se introdujo entre sus lágrimas mientras las líneas de su afligido rostro me decían todo lo que yo necesitaba saber. Que yo era su hija, pero todavía más importante, que ella era mi madre. No todos los hijos descarriados tienen tanta suerte. No todas las mamás a las que se les lleva hasta los límites que yo llegué una y otra vez, responden con sentimientos de amor. El amor incondicional es el regalo más precioso que uno puede dar. Que se le perdone a uno por lo sucedido en el pasado es el más precioso regalo que uno puede recibir. No osaría decir que se puede experimentar este amor puro dos veces en una vida.

Yo pertenezco a los afortunados, lo sé, y quiero extender el regalo que mi madre me dio a todos los adolescentes descarriados en el mundo que están confundidos.

No es malo sentir dolor, necesitar ayuda, sentir amor, pero hay que sentirlo sin ocultarlo. Sal de tu escondrijo protector, de detrás de tus rígidos muros y aléjate de esos aspectos de tu personalidad que te sofocan, y respira vida.

Sarah J. Vogt

El día del nacimiento

Sentada en una silla junto a la ventana, sintiendo el calor del sol de junio en el brazo, tuve que recordarme a mí misma en dónde estaba. Era difícil aceptar que detrás de los hermosos armarios de roble estaban ocultas algunas piezas de equipo médico, y que en cualquier momento se podían retirar las losas del techo para revelar luces para cirugía. Excepto por los pocos instrumentos y el carrito para el equipo intravenoso cerca de la cama, apenas si parecía cuarto de hospital. Mientras miraba el papel tapiz y muebles tan bien seleccionados, me puse a recordar aquel día, no tan lejano, cuando toda esta aventura empezó.

Era un frío día de octubre. Nuestro equipo de hockey sobre hierba acababa de ganarle 2-1 al de Saratoga. Me tiré, agotada pero emocionada, en el asiento de nuestro auto junto al conductor. Al irnos alejando de la escuela, mi madre me comentó que había ido a ver al médico ese día. "¿Para qué?", pregunté, poniéndome nerviosa al recorrer todos los males que mi madre pudiera padecer.

"Bueno. . . " Vaciló y mi preocupación aumentó. "Estoy embarazada."

"¿Estás qué?", exclamé.

"Embarazada", repitió.

Lo menos que puedo decir es que me quedé sin habla. Estaba sentada en el auto y todo lo que pude pensar fue que estas cosas no le suceden a tus padres cuando estás en segundo año de secundaria. Después, el tomar conciencia de que iba a tener que compartir a mi madre, me trastornó. La madre que había sido toda mía durante 16 años. Me estaba invadiendo el resentimiento y la confusión por una pequeña persona anidada dentro de mi mamá. Después de que se volvió a casar, nunca quise que mi madre tuviera otro hijo. Se trataba de un sentimiento egoísta, pero tratándose de mi mamá, me negaba a compartirla en lo más mínimo.

Cuando vi el impacto y alegría en los ojos de mi padrastro cuando se le informó de la inminente llegada de su primer hijo, no pude evitar la emoción. Apenas podía esperar para contárselo a todos. En el exterior se podía ver mi alegría, aunque en el interior me esforzaba por lidiar con mi miedo e ira.

Mis padres me hicieron partícipe de todos los preparativos, desde la decoración del cuarto hasta la selección de nombre del bebé y asistir a las clases de Lamaze y decidir si quería estar presente cuando naciera el bebé. Pero a pesar de toda la emoción y felicidad que trajo este embarazo, me era difícil escuchar a mis amigos y parientes hablar sin parar del próximo bebé. Temía que se me relegara cuando llegara el bebé. A veces, cuando estaba sola, todo el resentimiento de lo que este niño me iba a quitar superaba a la alegría.

Sentada en la sala de partos ese 17 de junio, sabiendo que el bebé llegaría pronto, comencé a sentir que salían a la superficie todas mis inseguridades. ¿Cómo sería mi vida de aquí en adelante? ¿Sería un interminable trabajo de niñera? ¿A qué tendría que renunciar? Pero lo más importante, ¿perdería a mi mamá? Los momentos de reflexión e inquietud desaparecieron con rapidez; estaba llegando el bebé.

Fue la experiencia más increíble de mi vida, estar en la sala de partos ese día, porque el nacimiento es un verdadero milagro. Cuando el médico anunció que era niña, lloré. Tenía una hermanita.

Ya pasaron, con la ayuda de una familia cariñosa y comprensiva, todos mis temores e inseguridad. No puedo explicar la sensación que produce tener a una personita esperando conmigo todas las mañanas hasta que me voy a la escuela y después, mientras mamá la sostiene frente a la ventana, y me dice adiós con su manita. Es tan maravilloso llegar a casa y no tener ni siquiera la oportunidad de quitarme el abrigo antes de que empiece a jalarme para que vaya a jugar con ella.

Ahora comprendo que hay suficiente amor en mi hogar para Emma. Mi resentimiento por lo que pensaba que me iría a quitar desapareció al comprender que no me quitaba nada, que por el contrario, traía mucho a mi vida. Nunca pensé que podría querer a un bebé tanto, y no cambiaría la alegría de ser su hermana mayor por nada.

Melissa Esposito

El jonrón

El 18 de junio fui al juego de béisbol de mi hermano menor igual que siempre. Cory tenía 12 años en esa época y ya había estado jugando béisbol un par de años. Cuando vi que se estaba preparando para ser el siguiente bateador, decidí dirigirme a la banca de los jugadores para darle mi apoyo. Pero al llegar ahí, lo único que le dije fue, "Te quiero".

En respuesta, me preguntó, "¿Significa eso que quieres que batee un jonrón?".

Sonreí y contesté, "Haz tu mejor esfuerzo".

Al dirigirse al plato, se le veía una cierta aura a su alrededor. Se le veía confiado y seguro de lo que iba a hacer. Un golpe fue todo lo que necesitó y, aunque no lo creas, hizo su primer jonrón. Corrió alrededor de todas esas bases con gran orgullo, los ojos le brillaban y el rostro se le encendió. Pero lo que más me conmovió fue cuando regresó a la banca. Me miró con la sonrisa más grande que he visto y dijo, "Yo también te quiero, Ter".

No recuerdo si su equipo ganó o perdió ese juego. Ese día especial de junio, sencillamente no importaba.

Terri Vandermark

Mi hermano mayor

*Primero dite a ti mismo lo que serás, y después
haz lo que tengas que hacer.*

Epicteto

Nunca pensé que la ausencia de calcetines olorosos y
música fuerte me hiciera sufrir. Pero mi hermano ya entró
a la universidad, y a los 14 años, lo extraño terriblemente.
Nuestra cercanía como hermanos es poco común, pero
bueno, mi hermano no es como todos. Claro que es
inteligente y cordial, además, mis amigas dicen que es
guapo y todo eso. Pero es más cómo maneja las cosas,
cómo trata a sus amigos y a su familia, cómo se interesa
por la gente, lo que me hace sentir tan orgullosa. Eso es lo
que yo aspiro a ser. Si te parece bien, me gustaría
mostrarte a lo que me refiero . . .

Hizo su solicitud de ingreso en catorce universidades.
Se le aceptó en todas, menos en una, en la que él quería,
en Brown University. Así que optó por su segunda
opción, y ahí se fue a un bueno pero impasible primer año.
Cuando regresó a casa a pasar las vacaciones de verano,
nos informó que traía un plan. Haría todo lo que estuviese

en sus manos para entrar a Brown. ¿Lo apoyaríamos? Su plan era irse a vivir a Rhode Island, cerca de Brown, buscar un trabajo, y hacer todo lo que pudiese para que lo conocieran en el área. Trabajaría hasta más no poder, explicó, y se esforzaría al máximo en todo. Alguien, estaba seguro, lo advertiría. Esto era algo muy difícil para mis padres, porque significaba dar su consentimiento a un año sin universidad, algo desconocido para ellos. Pero confiaron en él y lo animaron para que hiciera lo que él pensara necesario para alcanzar su sueño.

No tardó mucho en que se le contratara para producir las obras teatrales, sí, adivinaste, en Brown. Ahora era su oportunidad para brillar, y brilló. Ninguna tarea era demasiado grande o demasiado pequeña. Puso todo su ser en el trabajo. Conoció a maestros y administradores, habló con todos respecto a su sueño y nunca vaciló en decirles tras lo que iba.

Y claro está, al finalizar el año, cuando volvió a hacer su solicitud en Brown, se le aceptó.

A todos nos causó una gran felicidad, pero en mi caso, la felicidad fue más profunda. Había aprendido una lección muy importante, una lección que nadie me habría podido enseñar con palabras, una lección que tenía que ver con mis propios ojos. Si trabajo duro por lo que quiero, si insisto aunque se me rechace, mis sueños también pueden ser una realidad. Este es un obsequio que guardo todavía en mi corazón. Gracias a mi hermano, tengo confianza en la vida.

Hace poco volé yo sola a Rhode Island para visitarlo, y durante una semana viví gran alboroto en un departamento sin padres. La noche anterior a mi partida, hablamos de todo tipo de cosas, de novios, novias, la presión de los compañeros y la escuela. En un momento dado, mi hermano me miró a los ojos y me dijo que me quería. Me dijo que recordara siempre jamás hacer algo que yo sintiera que era incorrecto, no importaba qué, y que jamás olvidara que uno siempre puede confiar en su corazón.

Lloré todo el trayecto de regreso a casa, con la certeza de que mi hermano y yo siempre estaríamos unidos y al comprender lo afortunada que era de tenerlo. Algo había cambiado, esto es, ya no me sentía como una niña. Una parte de mí había madurado en este viaje, y por primera vez pensé en la importante labor que me esperaba en casa. Verás, tengo una pequeña hermana de 10 años. Parece que tengo un trabajo especial para mí. Pero sabes, tuve un gran maestro.

Lisa Gumenick

La voz de un hermano

La mayoría de las personas tienen algo que las inspira en su vida. A veces es una conversación con alguien que uno respeta o una experiencia. Sea cual fuere la inspiración, hace que uno vea la vida desde una perspectiva diferente. Mi inspiración llegó de mi hermana Vicki, una persona amable y atenta. A ella no le interesaba que se le alabara o que se escribiera de ella en los periódicos. Todo lo que quería era compartir su amor con las personas que quería, su familia y amigos.

El verano anterior a mi penúltimo año de universidad, recibí una llamada telefónica de mi padre informándome que Vicki había sido transportada de urgencia al hospital. Había sufrido un colapso y tenía paralizado el lado derecho del cuerpo. Los indicios preliminares indicaban que había sufrido una apoplejía. No obstante, los resultados finales confirmaron que se trataba de algo mucho más serio, que un tumor cerebral maligno era lo que causaba la parálisis. Sus médicos no le dieron más de tres meses de vida. Recuerdo que me preguntaba que cómo era esto posible. El día anterior, Vicki había estado perfectamente bien. Ahora, su vida llegaba a su fin a muy temprana edad.

Después de sobreponerme al impacto inicial y a la sensación de vacío, decidí que Vicki necesitaba tener esperanzas y estímulo. Necesitaba a alguien que le hiciera creer que ella superaría este obstáculo. Yo decidí ser ese apoyo para Vicki. Todos los días visualizábamos cómo se reducía el tumor y todas nuestras conversaciones eran positivas. Incluso coloqué un aviso en la puerta de su cuarto de hospital que decía, "Si tienes algún pensamiento negativo, déjalo en la puerta". Estaba decidido a ayudar a Vicki a vencer al tumor. Hicimos los dos un trato que llamamos 50-50. Yo haría el 50% de la lucha y Vicki haría el otro 50%.

Llegó el mes de agosto y con él el momento de comenzar mi penúltimo año de universidad a 5000 kilómetros de distancia. No sabía si partir o quedarme con Vicki, pero cometí el error de comentarle que no partiría a la universidad. Se enojó y me indicó que no me preocupara porque ella iba a estar bien. Ahí estaba Vicki, tendida enferma en una cama de hospital, diciéndome que no me preocupara. Comprendí que si me quedaba estaría enviándole un mensaje de que iba a morir, algo en lo que yo no quería que pensara. Vicki necesitaba creer que podía triunfar sobre el tumor.

Partir esa noche sintiendo que podía ser la última vez que viera yo viva a Vicki, fue lo más difícil que haya yo hecho jamás. En la universidad, jamás dejé de hacer mi 50% de lucha por ella. Todas las noches antes de dormir hablaba con Vicki, con la esperanza de que hubiese alguna forma de que ella me pudiera oír. Le decía, "Vicki, estoy luchando por ti y jamás cesaré. En tanto tú no dejes de luchar lo dominaremos".

Habían pasado algunos meses y ella seguía ahí. Conversaba con una amiga ya mayor y me preguntó sobre la situación de Vicki. Le expliqué que empeoraba pero que no dejaba de luchar. Mi amiga me hizo una pregunta que me dejó pensativo. Me preguntó, "¿No crees que la razón por la que no se ha ido es porque no quiere fallarte?".

¿Estaría en lo correcto? ¿Sería yo un egoísta por animar a Vicki a seguir luchando? Esa noche antes de dormir, le dije, "Vicki, comprendo que sufres mucho dolor y que tal vez te quieras ir. Si es así, entonces yo también lo quiero. No perdimos porque tú nunca dejaste de luchar. Si quieres seguir adelante e ir a un lugar mejor, yo lo comprendo. Volveremos a estar juntos. Te quiero y siempre estaré contigo estés donde estés".

Al otro día temprano, mi madre llamó para anunciarme que Vicki había fallecido.

James Malinchak

Lecciones de béisbol

Siempre hay dos alternativas, dos caminos a seguir. Uno es fácil, aunque su única recompensa es que es fácil.

Origen desconocido

A los 11 años, yo era fanático del béisbol. Escuchaba los partidos de béisbol en la radio, los veía en la televisión. Los libros que leía eran sobre béisbol. Llevaba tarjetas de béisbol a la iglesia con la esperanza de poderlas intercambiar con otros fanáticos del béisbol. ¿Mis fantasías? Todas relacionadas con el béisbol.

Jugaba béisbol siempre que podía y donde podía. Lo jugaba organizado o improvisado. Jugaba a atrapar bolas con mi hermano, con mi papá, con los amigos. Si todo eso me fallaba, botaba una bola de goma en las escaleras del pórtico, imaginando todo tipo de cosas maravillosas que nos sucederían a mi equipo y a mí.

Fue con esta actitud que ingresé a la temporada de la Liga Infantil 1956. Yo era jugador entre la segunda y tercera bases. Ni bueno ni malo, sólo fanático.

Gordon no era fanático, tampoco era bueno. Se mudó a nuestro vecindario ese año y se inscribió para jugar béisbol. La manera más amable de describir las habilidades de Gordon para el béisbol es decir que no tenía ninguna. No podía atrapar la bola. No podía batear. No podía lanzar. No podía correr. La verdad es que Gordon le tenía miedo a la bola. Me sentí aliviado cuando se hicieron las selecciones finales y Gordon quedó en otro equipo. Todos teníamos que jugar por lo menos la mitad de cada juego, y no había forma de que Gordon de alguna manera mejorara las posibilidades de mi equipo. Mala suerte para el otro equipo. Después de dos semanas de práctica, Gordon se retiró. Mis amigos en su equipo rieron cuando me contaron cómo su entrenador mandó a dos de los mejores jugadores del equipo para que se llevaran a Gordon entre los árboles y tuvieran una conversación con él. "Desaparece", fue el mensaje que se le envió, y "desaparece" fue el que se escuchó.

Gordon desapareció.

Esa situación violaba mi sentido de justicia de los once años, así que hice lo que cualquier jugador indignado en mi lugar haría. Transmití el chisme. Narré a mi entrenador la historia completa. Relaté el episodio en detalle, imaginando que mi entrenador se quejaría en la oficina de la liga y haría que Gordon regresara a su equipo original. Tanto la justicia como las posibilidades de mi equipo para ganar se verían afectadas.

Me equivoqué. Mi entrenador decidió que Gordon necesitaba estar en un equipo que lo quisiera, uno que lo tratara con respeto, uno que diera a todos una oportunidad justa para contribuir de acuerdo a sus propias capacidades.

Gordon regresó como miembro de mi equipo.

Me gustaría poder decir que Gordon bateó la pelota

imparable en el gran juego con dos fuera de juego en la entrada final, pero no fue así. Creo que Gordon ni siquiera bateó una bola fuera del cuadrado en toda la temporada. Las bolas que bateaban en su dirección (jardín derecho) pasaban por arriba de él, junto a él a través de él o lejos de él.

No es que Gordon no recibiera ayuda. El entrenador le daba práctica de bateo extra y trabajaba con él en su táctica de campo, todo sin que mejorara mucho.

No sé si Gordon aprendió algo de mi entrenador ese año. Yo, sí. Aprendí a golpear ligeramente la pelota para que rodara muy poco sin dar indicios de mis intenciones. Aprendí a correr para aprovechar una pelota fácil si hay menos de dos *outs* y a rotar más parejo en la segunda base en un *double play*.

Aprendí mucho de mi entrenador ese verano, pero mis lecciones más importantes no fueron sobre béisbol. Fueron sobre carácter e integridad. Aprendí que todos tienen su valor, ya sea que bateen 0,300 ó 0,030. Aprendí que todos tenemos nuestro valor, ya sea que podamos detener la bola o tengamos que girarnos para perseguirla. Aprendí que hacer lo que es correcto, justo y honrado es más importante que ganar o perder.

Me gustó pertenecer a ese equipo ese año. Agradezco que ese hombre haya sido mi entrenador. Me sentí orgulloso de ser su jugador entre la segunda y tercera bases y de ser su hijo.

Chick Moorman

Te quiero, papá

*Si Dios puede obrar a través de mí, puede obrar
a través de cualquiera.*

San Francisco de Asís

Conocí a un hombre que llegó a Tampa al funeral de su padre. No se habían visto padre e hijo en años. De hecho, según el hijo, su padre se había ido cuando él era todavía un muchacho, y habían tenido poco contacto hasta hacía cerca de un año, cuando su padre le envió una tarjeta de cumpleaños con una nota que decía que le gustaría volver a ver a su hijo.

Después de discutir un viaje a Florida con su esposa e hijos y de consultar su ocupada agenda de trabajo, el hijo fijó tentativamente una fecha para visitar a su padre dos meses más tarde. Llevaría a su familia en vacaciones, cuando terminara la escuela. Garabateó una nota y con emociones entremezcladas, la envió por correo.

De inmediato hubo respuesta. Escrita en papel rayado arrancado de un cuaderno de espiral, como lo habría hecho un muchacho de escuela, había palabras de emoción escritas en un garabateo apenas legible. Faltas de ortografía, una gramática deficiente y puntuación incorrecta saltaban de la hoja. El hombre se avergonzó de su padre y pensó dos veces si hacía la visita programada.

Pero se presentaron las cosas de tal modo, que hubo que posponer el viaje a Florida porque a la hija del hombre se le designó dirigente del grupo de animadoras en su escuela y tuvo que ir a un campamento especializado en técnicas para animadoras. Y además coincidió que empezaba a la semana que terminaba la escuela.

Su padre dijo que comprendía, pero no volvieron a tener contacto durante algún tiempo. Una nota aquí y otra allá, una llamada ocasional. No se decían mucho, oraciones entrecortadas, comentarios sobre "tu madre", un par de historias nebulosas sobre la infancia del hombre, lo suficiente para unir algunas piezas que faltaban.

En noviembre el hijo recibió una llamada telefónica del vecino de su padre. El padre había sido trasladado al hospital con problemas cardíacos. El hijo habló con la enfermera encargada, quien le aseguró que su padre se recuperaba bien de un ataque cardíaco. El médico le podría proporcionar los pormenores.

Su padre le aseveró, "Estoy bien. No tienes que hacer un viaje hasta acá. El médico dice que hubo daño menor y que me puedo ir a casa pasado mañana".

Después de eso llamaba a su padre de cuando en cuando. Conversaban y reían y hablaban de reunirse "pronto". Él le envió dinero en Navidad. Su padre envió pequeños regalos para los niños y un juego de pluma y lapicero para su hijo. Era un juego barato, tal vez lo había comprado en una farmacia de descuento o en una tienda de artículos varios, y los muchachos echaron los regalos del abuelo a un lado sin prestarles mucha atención. Pero su esposa recibió una preciosa caja musical de cristal. Conmovida, expresó su gratitud al anciano cuando le llamaron en Navidad. "Fue de mi madre", explicó el anciano.

"Quería que tú la conservaras."

La esposa del hombre señaló al esposo que debían haber invitado al anciano para las fiestas navideñas. Como excusa por no haberlo hecho, añadió, "Aunque tal vez aquí habría hecho demasiado frío para él".

En febrero el hombre decidió visitar a su padre. Sin embargo, para su mala suerte, operaron a la esposa de su jefe y el hombre tuvo que trabajar horas extra para reemplazarlo. Llamó a su padre para decirle que era probable que fuera a Florida en marzo o abril.

Conocí al hombre el viernes. Finalmente vino a Tampa. Estaba aquí para enterrar a su padre.

Esa mañana él estaba ahí esperando, cuando llegué a abrir la puerta. Estaba sentado en la capilla cerca del cuerpo de su padre, al que se le había vestido con un traje nuevo y elegante de rayas finas azul marino y quien yacía en un ataúd de metal azul oscuro. "Rumbo a casa", se leía dentro de la tapa.

Le ofrecí al hombre un vaso de agua. Lloró. Coloqué mi brazo alrededor de sus hombros y se desplomó en mis brazos, sollozando. "Debí haber venido antes. No tenía por qué morir solo." Nos sentamos juntos hasta entrada la tarde. Me preguntó si tenía algo más que hacer ese día. Le respondí que no.

Yo no elegí esta tarea, pero sabía que estaba siendo bondadoso. Nadie más vino a honrar la vida del padre del hombre, ni siquiera el vecino del que habló. No me costaba más que un par de horas de mi tiempo. Le dije que era estudiante, que quería ser golfista profesional y que mis padres eran los dueños de la casa funeraria. Él era abogado y vivía en Denver. Juega golf siempre que puede. Me habló de su padre.

Esa noche le pedí a mi papá que jugara golf conmigo al día siguiente. Y antes de irme a la cama le dije, "Te quiero, papá".

Nick Curry III, 19 años

Volver a casa

La paz, como la caridad, empieza en casa.

Origen desconocido

¿Has oído que muchas personas dicen que nunca comprendieron lo agradable que había sido su niñez sino hasta que fueron adultas? Bueno, yo siempre supe que mi niñez era estupenda al tiempo que la vivía. No fue sino hasta más tarde, cuando las cosas no iban tan bien, que me aferré a los recuerdos de esa felicidad y los utilicé para encontrar la forma de regresar a casa.

Crecí en una granja con una familia enorme. Había mucho amor, mucho espacio y mucho que hacer. Desde arreglar el jardín hasta cortar heno, desde cuidar a los caballos hasta hacer quehaceres domésticos, la palabra "aburrida" nunca tuvo cabida en mi vocabulario, todo me gustaba y nada me parecía trabajo. No había presión de compañeros, ya que la única "banda" con la que me juntaba era la banda de animales del rancho. Mi familia y yo estábamos muy unidos, y vivir tan lejos en el campo nos mantenía a todos en el hogar por las noches. Después de la cena, mis hermanos y hermanas y yo jugábamos a algo o narrábamos historias, nos reíamos y divertíamos hasta que llegaba la hora de acostarnos. Dormir nunca fue un problema para mí. Sencillamente escuchaba el chirrido de los grillos y soñaba con otro día en la granja. Esta era mi vida y sabía que era muy afortunada. A los 12 años, sucedió algo trágico que cambió mi vida para siempre. Mi padre sufrió un severo ataque cardíaco, por lo que se le colocó una válvula triple. Se le diagnosticó una afección cardíaca hereditaria. Fue una época terrible para todos nosotros. Los médicos informaron a papá que necesitaría modificar de manera drástica su estilo de vida, lo que significaba nada de entrenar caballos, nada de conducir tractores . . . nada de vida de rancho. Al comprender que no podíamos conservar el lugar sin él, nos vimos forzados a vender nuestro hogar y mudarnos al oeste, dejando atrás a la familia, a los amigos y la única vida que yo conocía.

El aire seco de Arizona era benéfico para mi padre. Yo empecé a adaptarme a una nueva escuela, a nuevos amigos y a una nueva manera de vivir. De pronto me vi aceptando citas, recorriendo la plaza comercial y lidiando con las presiones de la adolescencia. Aunque las cosas eran diferentes y extrañas, también me emocionaban y divertían. Aprendí que un cambio, aunque sea inesperado, puede ser algo bueno. Nunca imaginé que mi vida volvería a cambiar, y otra vez de manera drástica.

Un día me abordó un representante de Los Angeles quien me preguntó si alguna vez había pensado en actuar. La idea jamás había cruzado por mi mente, pero ahora que estaba ahí, encendía mi interés. Después de pensarlo un poco y comentarlo con mamá y papá, decidimos que mi mamá y yo nos mudaríamos a Los Angeles por un tiempo para probar. No tenía ni idea en lo que me estaba metiendo.

Gracias a Dios mi madre estuvo a mi lado desde el

principio. Juntas lo abordamos como una aventura, y al madurar mi carrera, maduré yo. Para cuando *Beverly Hills, 90210* se consagró como todo un éxito, mi mamá y yo decidimos que era tiempo de que ella regresara a Arizona con el resto de la familia. La pequeña niña de la granja estaba desapareciendo para dar lugar a una mujer adulta de la gran ciudad.

Me fascinaba mi trabajo y mi éxito era mayor al que pude haber soñado jamás. Y sin embargo . . . algo me faltaba. Poco a poco un vacío oscuro se apoderó de mi corazón y comenzó a roer mi felicidad.

Traté de imaginar qué me faltaba. Traté de trabajar más, después, menos. Trabé nuevas amistades y perdí contacto con viejos amigos. Nada de lo que hacía parecía llenar ese vacío. Comprendí que no iba a encontrar la solución al problema yendo a clubes y fiestas interminables, y viviendo deprisa. Traté de recordar la época en que fui más feliz, cuando las cosas en mi vida contaron más. Me pregunté a mí misma qué era importante para mí. Finalmente obtuve la respuesta. Sabía lo que tenía que hacer para ser feliz. Una vez más estaba mi vida a punto de cambiar.

Telefoneé a mamá y a papá y les expliqué, "Los extraño demasiado. Necesito a mis padres conmigo. Voy a comprar una propiedad aquí y quiero que se vengan a California". A mi padre no le agradó mucho la idea de regresar a la moderna vida en competencia, pero le aseguré que esta vez no sería nada similar. Así que empezamos a buscar un lugar afuera de la ciudad, un lugar con animales que corrieran por todos lados y un jardín lleno de verduras esperando a que se les cosechara para la comida. Un lugar que pudiera ser el hogar de la familia y que pudiese visitar cualquiera. Un lugar de reunión para las festividades. Un refugio a salvo del mundo exterior. Un lugar exactamente igual al lugar en que recuerdo haber crecido.

Un buen día lo encontramos, el rancho perfecto, anidado en un valle cálido y soleado. Mi sueño se había hecho realidad. El vacío oscuro que roía mi interior comenzó a desvanecerse y la sensación de equilibrio y serenidad regresó a mi alma. Había vuelto a casa.

Jennie Garth
actriz, Beverly Hills, 90210

4

SOBRE EL AMOR Y LA BONDAD

*Bondad en las palabras genera confianza
   Bondad en el pensamiento genera
   profundidad
Bondad en la entrega genera amor.*

Lao-tzu

Tigresa

Sé amable, porque todo aquel con quien te topas está peleando una batalla muy dura.

Platón

No sé con exactitud cómo llegó Jesse a mi clínica. No se veía en edad de conducir, aunque su cuerpo había empezado a cobrar corpulencia y se movía con la gracia de un hombre joven. Su rostro era franco y abierto.

Cuando entré a la sala de espera, Jesse estaba acariciando con gran amor a su gata a través de la puerta abierta de la jaula sobre su regazo. Con su fe de colegial puesta en mí, trajo a su gata enferma para que yo la restableciera.

La gata era una cosa pequeñita, de forma exquisita, cráneo delicado y marcas hermosas. Parecía de unos 15 años, año más, año menos. Podía ver cómo sus manchas y franjas y su radiante y fiero rostro habían evocado la imagen de un tigre en la mente de un niño, por lo que la llamaron Tigresa.

La edad había apagado el brillante fuego verde de sus ojos y ahora había opacidad, pero seguía siendo elegante y dueña de sí misma. Me saludó frotándose amistosa contra mi mano. Comencé a hacer preguntas para determinar qué había traído a estos dos a verme. A diferencia de la mayoría de los adultos, el joven respondió de manera simple y directa. Hasta hacía poco, Tigresa había tenido un apetito normal, pero de pronto empezó a vomitar un par de veces al día. Ahora no comía nada y se había vuelto huraña y hosca. También había perdido medio kilo, lo que es mucho si sólo pesas tres.

Acariciando a Tigresa, le dije lo bonita que era mientras examinaba sus ojos y boca, escuchaba su corazón y pulmones y tocaba su estómago. Y entonces lo encontré, una masa tubular en medio del abdomen. Tigresa trató de separarse con docilidad. No le gustó que le tocara el bulto.

Miré el rostro fresco del adolescente y de nuevo a la gata, la que tal vez había estado con él toda su vida. Iba a tener que decirle que su adorada compañera tenía un tumor. Aunque se le podía extirpar mediante cirugía, quizás no viviría ni un año, y necesitaría cada semana quimioterapia para vivir ese tiempo.

Todo sería muy difícil y costoso. Así que iba a tener que decirle que era probable que su gata muriera. Y ahí estaba él, totalmente solo.

Parecía que estaba próximo a aprender una de las lecciones más duras de la vida, que la muerte es algo que le sucede a todo ser viviente. Es una parte omnipresente de la vida. Cómo se experimente la muerte por primera vez, puede ser formativo de la vida, y parecía que yo sería quien lo guiara en su primera experiencia. No quería cometer ningún error, tenía que hacerlo a la perfección o podía terminar emocionalmente afectado.

Habría sido fácil eludir esta tarea y llamar a uno de sus padres. Pero cuando miré su rostro, no pude hacerlo. Él sabía que algo estaba mal. No podía ignorarlo sin más. Así que hablé con Jesse como dueño de Tigresa y con todos los derechos que esto le daba, y le expliqué con la mayor delicadeza que pude lo que encontré y lo que eso significaba. Mientras yo hablaba, Jesse se retiró de manera convulsiva de mí, tal vez para que no viera su rostro, pero al estarse girando, comencé a ver su cambio. Me senté y me dirigí a Tigresa, para que Jesse no se sintiera presionado, y mientras le acariciaba su hermoso rostro de anciana, le explicaba a él las opciones. Podría hacer una biopsia del tumor, podría dejar que muriera en casa, o podría inyectarla para sacrificarla.

Jesse escuchó con atención y asintió. Dijo que consideraba que ella ya no era feliz y no quería que sufriera. Se estaba esforzando mucho. Ese par me rompía el corazón. Me ofrecí a hablar con alguno de sus padres para explicarle lo que sucedía.

Jesse me dio el número telefónico de su padre. Repetí todo de nuevo al padre mientras Jesse escuchaba y acariciaba a su gata. Después dejé que el padre hablara con el hijo. Jesse caminó y gesticuló y su voz se quebró algunas veces, pero cuando colgó, se dirigió a mí con los ojos secos y dijo que habían decidido sacrificarla.

No hubo discusión, ni negativas, ni histeria, sólo aceptación de lo inevitable. Sin embargo, pude ver el trabajo que le estaba costando. Le pregunté si quería llevársela a casa esa noche para que se despidieran. Dijo que no, que sólo quería estar a solas con ella algunos minutos.

Los dejé y salí a ordenar el barbiturato que usaría para facilitarle un sueño sin dolor. No podía controlar las lágrimas que resbalaban sobre mi rostro ni el dolor que sentía que brotaba dentro de mí por Jesse, quien tenía que hacerse hombre tan rápido y tan solo.

Esperé afuera del cuarto de revisión. Después de

algunos minutos salió y dijo que estaba listo. Le pregunté si quería quedarse con ella. Se sorprendió, pero le expliqué que muchas veces era más fácil observar lo sereno que resultaba el proceso que preguntarse toda la vida cómo habría sido.

Al comprender de inmediato esa lógica, Jesse le sostuvo la cabeza y la tranquilizó mientras yo administraba la inyección. Ella cayó dormida, su cabeza abrigada en su mano. El animal se veía tranquilo y descansando. El dueño cargaba ahora todo el sufrimiento. Este es el mejor regalo que uno puede dar, le manifesté, asumir el dolor del ser amado para que éste pueda descansar.

Él asintió, entendía.

Sin embargo, algo faltaba. No sentía que había completado mi tarea. De pronto lo capté, que aunque yo le había pedido que se volviera hombre en un instante, y que él lo había hecho con gracia y fortaleza, seguía siendo un muchacho.

Extendí los brazos y le pregunté si necesitaba un abrazo. Desde luego que lo necesitaba, y en realidad yo también.

Judith S. Johnessee

Un corazón luminoso

El regalo máximo es una porción de ti mismo.

Ralph Waldo Emerson

El año pasado cerca de Halloween, se me invitó a participar en un carnaval para Tuesday's Child, una organización que ayuda a los niños con el virus del SIDA. Se me pidió que asistiera porque estoy en una serie de televisión; fui porque me importaban. No creo que los niños me hayan reconocido como una celebridad. Simplemente me consideraron una muchacha que iba a jugar con ellos ese día. Creo que preferí que fuera así.

En el carnaval había todo tipo de quioscos. Me llamó la atención uno en particular por la cantidad de niños que se apiñaban ahí. En este quiosco, el que quisiera podía pintar un cuadro. Más tarde se coserían estos cuadros unos con otros, para hacer un edredón. Este edredón se le obsequiaría a un hombre que había dedicado gran parte de su vida a esta organización y en poco tiempo se retiraría.

Todos los niños recibieron pinturas para tela en hermosos colores brillantes y se les pidió que pintaran algo que hiciera que este edredón resultara hermoso. Al echar un vistazo a todos estos cuadros, vi corazones rosas y brillantes nubes azules, hermosas salidas de sol color naranja y flores en color verde y violeta. Todos los cuadros eran luminosos, positivos e inspiradores, todos excepto uno. El pequeño sentado a mi lado estaba pintando un corazón, pero era oscuro, vacío, sin vida. Le faltaban los colores vibrantes y luminosos que sus compañeros artistas habían usado.

Primero pensé que tal vez había tomado la única pintura que había quedado, que era esa oscura. Pero cuando le pregunté al respecto, dijo que su corazón era de ese color porque sentía que su propio corazón era así de oscuro. Le pregunté el porqué y me dijo que él estaba muy enfermo. No sólo él estaba muy enfermo, también su mamá. Dijo que nunca se recuperaría de su enfermedad, ni su mamá. Me miró directo a los ojos y dijo, "Nadie puede hacer nada que nos ayude".

Le dije que me apenaba que estuviese enfermo y que de verdad podía comprender el porqué de su enorme tristeza. Incluso podía comprender por qué había pintado su corazón de color oscuro. Pero ... le dije que no era verdad que no hubiera nada que se pudiera hacer para ayudar. Los demás tal vez no puedan hacer que él o su mamá mejoren ... pero podemos hacer cosas como dar abrazos fuertes, lo que según mi experiencia puede ayudar mucho cuando uno se siente triste. Le dije que si quería, yo con mucho gusto le daría uno para que pudiera ver a lo que me refería. De inmediato se encaramó a mi regazo y pensé que mi propio corazón iba a estallar del amor que sentí por este hermoso niño.

Se sentó ahí por mucho tiempo y cuando sintió que era suficiente, se bajó de un salto para terminar su dibujo. Le pregunté si se sentía mejor y dijo que sí, aunque seguía enfermo y nadie podría cambiar eso. Le dije que lo comprendía. Me retiré con un enorme sentimiento de tristeza, pero comprometida con esta causa. Haría todo lo que yo pudiera por ayudar.

Terminaba el día y yo me preparaba para dirigirme a casa, cuando sentí un tirón en mi chaqueta. Me giré y ahí estaba el pequeño con una sonrisa en su rostro. Me dijo, "Mi corazón está cambiando de color. Se está volviendo más luminoso . . . creo que esos abrazos de verdad funcionan".

De camino a casa sentí mi propio corazón y comprendí que él también había cambiado a un color más luminoso.

Jennifer Love Hewitt
actriz, Party of Five

El secreto de la felicidad

*Si quieres que te amen, ama y sé digno de ser
amado.*

Benjamin Franklin

Hay una extraordinaria fábula acerca de una niña huérfana que no tenía familia ni nadie que la quisiera. Un día, sintiendo una tristeza y soledad excepcionales, caminando a través de una pradera, advirtió que una pequeña mariposa se encontraba atrapada en un arbusto espinoso. Cuanto más luchaba la mariposa por liberarse, eran más profundas las heridas que las espinas infligían en su frágil cuerpo. La pequeña huérfana liberó con cuidado a la mariposa de su cautiverio. En lugar de alejarse volando, la pequeña mariposa se transformó en una hermosa hada. La pequeña se frotó los ojos incrédula.

"Por tu hermosa bondad", manifestó el hada a la niña, "te concederé el deseo que más quieras".

La pequeña reflexionó un momento y exclamó, "¡Quiero ser feliz!".

El hada respondió, "Muy bien", y se inclinó hacia ella y le susurró algo al oído. Con lo que la buena hada se esfumó.

Al crecer la niña, no había nadie en el universo más feliz que ella. Todos le preguntaban el secreto de su felicidad. Sólo sonreía y contestaba, "El secreto de mi felicidad es que cuando niña escuché a una hada buena".

Cuando ya era muy anciana y yacía en su lecho de muerte, todos los vecinos se reunieron en torno a ella, temerosos de que su fabuloso secreto de la felicidad muriera con ella. "Dinos, por favor", le suplicaron. "Dinos lo que el hada buena te dijo."

La amorosa anciana sencillamente sonrió y manifestó, "Me dijo que todos, sin importar qué tan seguros parecieran, qué tan viejos o jóvenes fueran, qué tan ricos o pobres fueran, me necesitaban".

The Speaker's Sourcebook

La sonrisa

Ella sonrió a un extraño apesadumbrado.
Al parecer la sonrisa hizo que éste se sintiera mejor.
Recordó antiguos favores de un amigo
y le escribió una carta agradecido.
El amigo estaba tan complacido por el reconocimiento
que dejó una buena propina después del almuerzo.
La mesera, sorprendida por la cantidad que dejó,
en una corazonada la apostó.
Al día siguiente recogió lo que ganó,
y en la calle una parte a un hombre dio.
El hombre en la calle se mostró agradecido;
ya que en dos días nada había comido.
Al terminar de cenar,
a su pequeña y deslucida habitación se alejó.
(No sabía en ese momento
que a su sino se enfrentaría al poco tiempo.)
En el camino recogió a un perrito tembloroso
y lo llevó a casa a calentar.
El perrito agradeció
el resguardo de la tormenta.
Esa noche la casa se incendió.

En señal de alarma el perrito ladró.
Ladró hasta que despertó a todo el vecindario
y salvó a todos del mal.
Uno de los niños a los que rescató
creció y llegó a ser Presidente.
Todo esto por una simple sonrisa
que no costó ni un céntimo.

Barbara Hauck, 13 años

La señora Link

Tenía yo 18 años, estaba a punto de empezar la universidad y en bancarrota. Para ganar algo de dinero, recorría sin entusiasmo una calle tranquila de casas viejas vendiendo libros de puerta en puerta. Al llegar a un portón, una mujer alta y agradable de unos ochenta años salió en bata de baño. "¡Ahí estás querida! ¡Te he estado esperando! Dios me dijo que vendrías hoy." La señora Link necesitaba ayuda dentro y fuera de casa, y al parecer yo era la indicada para el trabajo. ¿Quién era yo para discutir con Dios?

Al siguiente día trabajé durante seis horas, mucho más duro de lo que nunca antes había trabajado. La señora Link me enseñó a plantar bulbos, cuáles flores y hierbas arrancar y a dónde acarrear las plantas marchitas. Terminé el día podando el césped con una podadora que tenía aspecto de antigüedad. Cuando terminé, la señora Link me congratuló por mi trabajo y miró las aspas de la podadora. "Parece que le diste a una piedra. Voy por la lima." De inmediato supe por qué todo lo que poseía la señora Link parecía una antigüedad, pero funcionaba como recién comprado. Por seis horas de trabajo me dio un cheque por tres dólares. Era 1978. A veces Dios nos desconcierta, ¿no es cierto?

A la siguiente semana limpié la casa de la señora Link. Me enseñó exactamente cómo aspirar su antigua alfombra persa con su aspiradora de apariencia antigua. Mientras sacaba polvo a sus hermosos tesoros, me explicaba dónde los había adquirido, ya que había viajado mucho por el mundo. Para el almuerzo sofrió verduras frescas de su jardín. Compartimos una deliciosa comida y un hermoso día.

Algunas semanas tuve que hacerla de chofer. El último obsequio del señor Link a la señora Link fue un espléndido auto nuevo. Para cuando conocí a la señora Link, el auto tenía treinta años, pero seguía siendo espléndido. La señora Link nunca pudo tener hijos, pero su hermana, sobrinas y sobrinos vivían en las cercanías. Sus vecinos también sentían cariño por ella, y estaba activa en los asuntos cívicos.

Pasó año y medio desde que conociera a la señora Link. La escuela, el trabajo y la iglesia ocuparon más mi tiempo, y cada vez la veía menos. Encontré a otra muchacha para que le ayudara en la casa.

Llegaba el día de San Valentín, y como yo era muy poco demostrativa y estaba en bancarrota, hice una lista muy corta de mis compromisos para San Valentín. Mamá miró mi lista y dijo, "Tienes que llevarle un obsequio a la señora Link".

Incrédula pregunté, "¿Por qué? La señora Link tiene una familia grande, amigos y vecinos. Está activa en la comunidad. Yo ya ni siquiera la visito mucho. ¿Por qué iba la señora Link a querer un obsequio de mi parte?".

Mamá no se enfadó. "Llévale un regalo a la señora Link", insistió.

El día de San Valentín entregué cohibida un pequeño ramo de flores a la señora Link, quien lo aceptó con gusto.

Algunos meses más tarde visité de nuevo a la señora Link. Centrado en la repisa de su chimenea, en su sala llena de cosas hermosas, estaba mi ramo de flores marchito y deslucido del día de San Valentín, el único obsequio de San Valentín que recibiera la señora Link aquel año.

Susan Daniels Adams

Un regalo para dos

Uno nunca sabe la gran felicidad que un simple acto de bondad puede dar.

Bree Abel

Era un hermoso día para visitar los lugares de interés del centro de la ciudad de Portland. Éramos un grupo de consejeros en nuestro día libre, lejos de los acampadores, buscando simplemente divertirnos. El clima era perfecto para almorzar a la intemperie, por lo que cuando llegó la hora de comer, le echamos el ojo a un pequeño parque en la ciudad. Como a cada uno se le antojaba algo diferente, decidimos separarnos, que cada quien comprara lo que quisiera y nos volveríamos a encontrar en los jardines después de algunos minutos.

Cuando mi amiga Robby se dirigió a un puesto de hot dogs, decidí acompañarla. Vimos al vendedor preparar el hot dog perfecto, exactamente como Robby lo quería. Pero cuando ella sacó el dinero para pagar, el hombre nos sorprendió.

"Hoy hace bastante fresco", manifestó, "así que no se preocupen por pagar. Este será el gratis del día".

Dimos las gracias, nos unimos a nuestros amigos en el parque, y nos dedicamos a comer. Pero mientras hablábamos y comíamos, me distrajo un hombre sentado solo en las cercanías, mirándonos. Podía verse que no se había bañado en varios días. Otra persona sin hogar, pensé, igual a todos los demás que se ven en las ciudades. No le presté mayor atención. Terminamos de comer y decidimos ir a ver más sitios interesantes de la ciudad. Pero cuando Robby y yo fuimos al bote de basura para tirar mi bolsa del almuerzo, escuché una fuerte voz preguntar, "No hay comida en esa bolsa, ¿verdad?".

Se trataba del hombre que nos había estado observando. No supe qué decir. "No, ya me lo comí."

"Oh", fue su única respuesta, sin muestra alguna de vergüenza en su voz. Era obvio que tenía hambre, que no podía soportar que se tirara algo, y estaba acostumbrado a hacer esta pregunta.

Me sentí mal por el hombre, pero no sabía qué podía hacer. Fue cuando Robby exclamó, "Ahora regreso. Por favor espéreme un minuto", y salió corriendo. Asombrada, la vi que corrió al puesto de hot dogs, y comprendí lo que estaba haciendo. Compró un hot dog, regresó junto al bote de basura y se lo obsequió al hombre hambriento.

Cuando se nos unió Robby de nuevo, simplemente declaró, "Sólo estaba transmitiendo la bondad que alguien tuvo hacia mí".

Ese día aprendí que la generosidad puede ir más allá de la persona con quien uno fue generoso. Al dar, uno le enseña a los demás también a dar.

Andrea Hensley

Dígaselo al mundo por mí

Busqué mi alma
Pero no pude verla.
Busqué a mi Dios
Pero mi Dios me eludió.
Busqué a mi hermano
Y encontré las tres cosas.

Origen desconocido

Hace unos 14 años me dediqué a ver a mis alumnos de la universidad entrar al salón de clases para nuestra primera sesión de la teología de la fe. Fue el día en que vi por primera vez a Tommy. Se estaba peinando el cabello, el cual le caía unos quince centímetros debajo de los hombros. Mi juicio inmediato lo describió como extraño, muy extraño.

Tommy resultó ser mi mayor reto. De continuo objetaba o se reía de la posibilidad de un Dios de amor incondicional. Cuando entregó su examen final al término del curso, preguntó en un tono un tanto cínico, "¿Cree usted que alguna vez encuentre yo a Dios?".

"No", dije enfático.

"¡Oh!", respondió. "Pensé que ese era el producto que usted promovía."

Dejé que llegara a unos cinco pasos de la puerta y proferí, "No creo que lo llegues a encontrar, pero estoy seguro de que él te encontrará". Tommy se encogió de hombros y se fue. Me sentí un poco desilusionado de que no hubiera captado la agudeza de mi expresión.

Con el tiempo, escuché que Tommy se había graduado y me dio gusto. Luego llegó un informe triste, Tommy padecía cáncer terminal. Antes de que pudiera yo ir a buscarlo, él me vino a ver. Cuando entró a mi oficina, el cuerpo se le veía muy desgastado, y su cabello largo se le había caído a causa de la quimioterapia. Pero los ojos le brillaban y su voz, por primera vez, se escuchó firme.

"Tommy, he pensado mucho en ti. Oí que estás muy enfermo", hablé sin miramientos.

"Sí, muy enfermo. Tengo cáncer. Es cuestión de semanas."

"¿Puedes hablar de eso?"

"Claro. ¿Qué desea saber?"

"¿Qué se siente al tener sólo 24 años y saber que te estás muriendo?"

"Podría ser peor", profirió, "como tener 50 y pensar que beber alcohol, seducir mujeres y hacer dinero es lo que realmente vale la pena en la vida". Entonces me contó el porqué de su visita.

"Se trata de algo que usted me dijo el último día de clases. Yo le pregunté si pensaba que algún día encontraría yo a Dios y usted respondió que no, lo que me sorprendió mucho. Después usted añadió, 'Pero él te encontrará'. Pensé mucho en eso, aunque en aquella época mi búsqueda de Dios no era muy intensa.

"Pero cuando los médicos extirparon una masa de mi ingle y me indicaron que era maligna, me dediqué en serio a localizar a Dios. Y cuando el mal se extendió a mis órganos vitales, empecé a golpear con fuerza en las puertas de bronce del cielo. Pero no sucedía nada. Bueno, un día desperté y en lugar de mi desesperado intento por obtener algún tipo de mensaje, sencillamente lo dejé. Decidí que en realidad no me importaba tanto Dios, o la vida después de la muerte o nada parecido.

"Decidí pasar el tiempo que me quedara haciendo algo más importante. Pensé en usted y algo más que usted dijo: 'La tristeza esencial es ir por la vida sin amar. Pero debe ser igualmente triste dejar este mundo sin haberle dicho uno a quienes ama que los ama'. Así que empecé con el más difícil, con mi papá."

El padre de Tommy estaba leyendo el periódico cuando su hijo se le acercó.

"Papá, me gustaría hablar contigo."

"Pues habla."

"Bueno, lo que quiero decir es que se trata de algo en verdad importante."

El periódico bajó unos diez centímetros. "¿De qué se trata?"

"Papá, quiero decirte que te quiero. Sólo quería que lo supieras."

Tommy me sonrió al recordar el momento. "El periódico cayó al suelo. Entonces mi padre hizo dos cosas que no recuerdo que las haya hecho antes. Lloró y me abrazó. Conversamos toda la noche, aunque a la mañana siguiente tenía que ir a trabajar.

"Fue más fácil con mi mamá y mi hermano menor", continuó Tommy. "Lloraron conmigo y nos abrazamos y nos dijimos cosas que habíamos guardado en secreto por muchos años. Sólo me apenaba haber esperado tanto tiempo. Aquí estaba, a la sombra de la muerte, y apenas me empezaba a abrir a toda la gente con la que en realidad había vivido tan cerca.

"Entonces un día me di la vuelta y Dios estaba ahí. No

llegó mientras se lo supliqué. Aparentemente él hace las cosas a su propio modo y a su propio tiempo. Lo importante es que usted tenía razón. Él me encontró incluso después de que yo dejé de buscarlo."

"Tommy", señalé prácticamente sin aliento, "creo que estás diciendo algo mucho más universal de lo que piensas. Estás diciendo que la forma más segura de encontrar a Dios no es haciendo de él una posesión privada o una consolación instantánea en un momento de necesidad, sino más bien abriéndose al amor.

"Tommy", añadí, "¿podría pedirte un favor? ¿Vendrías a mi curso de teología de la fe y narrarías a mis estudiantes lo que me acabas de contar?".

Aunque fijamos una fecha, no lo consiguió. Claro que su vida no terminó realmente con su muerte, sólo cambió. Dio el gran paso de la fe a la visión. Encontró una vida mucho más hermosa que la que el ojo de la humanidad ha visto alguna vez o que la mente jamás imaginó.

Antes de morir, conversamos una última vez. "No voy a llegar a su clase", profirió.

"Lo sé, Tommy."

"¿Se lo dirá por mí? ¿Se lo dirá . . . a todo el mundo por mí?"

"Así lo haré, Tommy. Se lo diré."

John Powell, S.J.

Primero quiere a la gente

Cuanto más sabemos mejor perdonamos.
Quienquiera que sienta con fuerza profunda,
siente por todo el que vive.

Madame de Staël

Craig, un buen amigo mío en la escuela universitaria de graduados, transmitía energía y vida en cualquier habitación a la que entraba. Cuando hablabas con él, te prestaba toda su atención y te sentías de lo más importante. Todos lo adoraban.

Un día soleado de otoño, Craig y yo estábamos sentados en nuestra área de estudio acostumbrada, cuando miré fuera de la ventana y vi a uno de mis profesores que cruzaba el estacionamiento.

"No quiero toparme con él", exclamé.

"¿Por qué no?", preguntó Craig.

Le expliqué que el semestre de primavera anterior, el profesor y yo nos habíamos separado en malos términos. Yo me había ofendido ante una sugerencia que él me había hecho y a su vez yo lo ofendí con mi respuesta. "Además", añadí, "el tipo no me quiere".

Craig miró hacia la figura que pasaba. "Tal vez lo has interpretado mal", señaló. "Quizás tú eres quien no lo acepta, y no lo aceptas porque tienes miedo. Es probable que él piense que tú no lo quieres, por lo que no es amigable. La gente quiere a la gente que los quiere. Si tú le muestras tu interés en él, él se interesará en ti. Ve y habla con él."

Las palabras de Craig me hicieron pensar. Bajé titubeando las escaleras hacia el estacionamiento. Saludé a mi profesor con afecto y le pregunté cómo había pasado el verano. Me miró genuinamente sorprendido. Seguimos conversando mientras caminábamos y me pude imaginar a Craig mirando por la ventana, con una enorme sonrisa.

Craig me había explicado un concepto muy sencillo, tan sencillo que no podía creer que no lo conociera. Como la mayoría de los jóvenes, me sentía inseguro de mí mismo y siempre que conocía a alguien nuevo, temía que éste me juzgara, cuando, de hecho, el otro también estaba preocupado de cómo lo juzgaría yo a él. De ese día en adelante, en lugar de ver la crítica en los ojos de los demás, reconocía la necesidad de la gente de relacionarse y compartir algo de ellos. Descubrí un mundo de gente que nunca habría conocido de no ser así.

Una vez, por ejemplo, en un tren en el que cruzaba Canadá, empecé a conversar con un hombre al que todos evitaban porque hablaba arrastrando las palabras como si estuviese borracho. Resultó que se estaba recuperando de un ataque cardiaco. Había sido ingeniero en la misma línea en que viajábamos, y ya entrada la noche me reveló la historia detrás de cada kilómetro de la vía: Pile O'Bones Creek, nombre dado por los miles de esqueletos de búfalo que dejaron ahí los cazadores indios; la leyenda de Big Jack, un instalador de vías sueco que podía cargar rieles de acero de 250 kilos; un conductor de nombre McDonald, que llevaba un conejo como su compañero de viaje.

Al despuntar la mañana y cuando el sol empezaba a colorear el horizonte, me tomó la mano y me miró a los ojos. "Gracias por escucharme. Poca gente se habría tomado la molestia." No tenía nada que agradecerme. El placer había sido todo mío.

En una ruidosa esquina de Oakland, California, una familia que me detuvo para preguntarme algo, resultó que venía de visita desde la aislada costa noroeste de Australia. Les pregunté acerca de la vida en su país de origen. Al poco rato, tomando café, me obsequiaron con relatos de enormes cocodrilos de agua salada "con lomos tan anchos como la cubierta de un auto".

Cada encuentro resultaba una aventura, cada persona una lección de la vida. El rico, el pobre, el poderoso y el solitario; todos tenían tantos sueños y dudas como yo. Y cada uno tenía una historia única que contar, si sólo me disponía a escuchar.

Un vagabundo viejo de barba cerdosa me narró cómo había alimentado a su familia durante la Depresión, disparando su pistola en un estanque y reuniendo a los peces aturdidos que salían flotando a la superficie. Un agente de tráfico me confió cómo aprendió los movimientos de su mano observando a los toreros y a los directores de orquesta. Y una joven cosmetóloga compartió conmigo la alegría de ver a los residentes de un asilo sonreír después de un nuevo peinado.

¡Cuántas veces dejamos que dichas oportunidades se nos vayan! La muchacha a la que todos creen sin gracia, el muchacho con ropa extraña, esas personas tienen historias que contar, así como tú. Y al igual que tú, sueñan que alguien está deseoso de escucharlos.

Esto es lo que Craig sabía. Primero quiere a la gente, después pregunta. Ve si no es cierto que la luz que tú irradias en otros se refleja cien veces más en ti.

Kent Nerburn

Cada primavera florecen las lilas

A fin de cuentas, todos queremos sentirnos amados.

Jamie Yellin, 14 años

Hoy (aquí indico un suspiro) es uno de mis días malos. Todo se siente fuera de mi alcance, pero siento un especial temor por la clase de sicología a la siguiente hora. Como un tonto proyecto de fin de año, tenemos que traer una fotografía de nosotros que represente una época de verdad feliz en nuestra niñez.

El problema no estaba en seleccionar la fotografía, supe de inmediato cuál llevar. Enmarcada en mi escritorio está una fotografía de mi abuela Sherrie, quien ya murió, conmigo a los ocho años de edad. Ese día me había llevado después de un largo trayecto en autobús al festival de primavera de las lilas. Pasamos la tarde aspirando, con los ojos cerrados e inclinadas sobre las flores, el aroma de las lilas. Nos tomó la fotografía un viejo verdaderamente jocoso que nos contó historias graciosas mientras nos acompañaba a la parada del autobús ya caída la tarde. Nunca lo volvimos a ver, pero al recordarlo, me pregunto si no se habría prendado de mi abuela Sherrie.

Mirando la fotografía, mientras espero a que termine el periodo para almorzar, sé que la belleza de la abuela no aparece en la foto, cabello corto, lacio, plateado y ojos marrones grandes y ligeramente salidos. La nariz es demasiado grande y la frente bastante amplia. Es baja y un poco regordeta. Junto a ella, apretando su mano, me veo como una réplica más joven y pequeña. Incluso teníamos los mismos pies estrechos y delgados, con dedos increíblemente largos. Teníamos, porque ahora sólo están mis ridículos pies estrechos la burla, excepto que no ha habido nadie con quien reírme de ellos tanto como con ella. Cuando murió hace dos años, perdí parte de mi realidad.

Por eso es que esta es la única foto que podía traer. No podía perder la oportunidad de que volviera un poco a mí, de celebrar su presencia en la vida. Aunque sé que pocos, si hay alguien, apreciarán el obsequio que ansiosa y tontamente comparto.

Me siento en mi escritorio, aliviada de llegar sin contratiempos. De algún modo son los corredores donde me siento más aislada. Rodeada de gente es cuando tomo más conciencia que nunca de lo ajena que soy a todos ellos. No tengo con quien hablar, o reír de los chismes. Veo a todas estas personas todos los días; a veces hasta nos rozamos. Pero no las conozco más que a cualquier desconocido en la calle. Ni siquiera nos miramos a los ojos.

Mientras entran los compañeros, me siento con la fotografía en mi regazo, enmarcada con mis manos. *¿Por qué no traje otra? ¿Por qué estaba tan segura de que mis palabras lo podrían explicar?*

La maestra se dirige al frente del salón. Yo no la quiero más de lo que ella me quiere a mí. Ella prefiera a las estudiantes que se quedan después de clase para hablar de novios y quejarse de que tienen que llegar temprano a casa. Yo me quedo después para mostrarle artículos sobre nuevos tratamientos para el autismo. Me gustaría que me quisiera, aunque no consigo tenerle respeto. Pide que algún voluntario empiece las presentaciones. Sonríe esperando que sea yo, en la primera fila. (¿Dónde más podría yo estar?) Me levanto, siempre dispuesta a ser la primera voluntaria. Una voz desde atrás. "Apuesto a que trajo una fotografía de su primera enciclopedia." *No, lo siento, esa está enmarcada sobre la chimenea.* Ojos, todos esos ojos viéndome con esa mirada en blanco reservada para observar sin prestar atención o pensar.

"Esta es una fotografía de mi abuela Sherrie conmigo a los ocho años de edad. Me llevó a un festival de lilas. Se trataba de un evento anual." *¿Evento?* Debí haber dicho otra cosa. "Había todo tipo de lilas, variedades raras y comunes, de color rosa, violeta y blancas. Fue maravilloso." *Aburrido.*

Miré la fotografía. La mujer y la niña, tomadas de las manos, enmarcadas por una valla alta moteada con ramitas de flores lilas de color violeta. Parecería que el par está listo para salir marchando y conquistar al mundo, sólo ellas dos en sus cómodos zapatos para caminar.

"Cuando miro esta fotografía, casi puedo sentir el aroma de las lilas. Especialmente ahora, en primavera. Fue un paseo perfecto, y cuando regresamos a casa, la abuela me cocinó un espagueti, y me dejó rociar chispas de chocolate sobre mi helado . . . " Al salirme aquí un poco del tema, pierdo al público, que nunca tuve.

"Pero fue un día perfecto, mmm, como dije. Es difícil recordar otro día como ese al irme haciendo mayor. Mi abuela se enfermó cuando yo tenía nueve años . . .", de pronto siento lágrimas en las mejillas. ". . . y nunca se alivió." Hora de correr, de escapar, por lo menos de sentarme.

Me tiré a la silla, con la fotografía prensada entre mis manos. Ningún aplauso. La maestra abruptamente y demasiado alegre llama a alguien más. La clase se termina, pienso que han pasado 10 ó 12 años. Escapo al revoltoso caos del corredor.

Vaya día.

Pero, como dicen, siempre hay un mañana. Lo que para mí implica que no tiene caso vivir el ahora, porque simplemente lo tienes que volver a hacer en menos de 24 horas. Pero aquí estoy, en el mañana, en la puerta de mi clase de sicología, como si me acabara de ir. Sólo que ahora llegué tarde porque se me cayó una carpeta que vomitó sin consideración su contenido. Todos me miran. El día anterior rompí dos reglas importantes. No sólo mostré exceso de emoción, sino que admití que realmente me importaba algo tan inconsecuente como mi abuela. Bueno, un día soy invisible y al siguiente objeto de desprecio público. Las dos, situaciones de la vida poco envidiables. Me voy a mi escritorio. Encuentro una bolsa de papel en mi asiento. Como espero que sea un uniforme de gimnasia y zapatos deportivos olorosos, miro dentro sin pensar.

¡Oh! ¡Oh! ¡Dios mío! Me siento morir.

La bolsa está llena de ramas de lilas. Las puedo oler con el alma, las puedo sentir con una parte de mí que pensaba se había marchitado y muerto. *¿Sigo en la vida real?* Levanto la vista (todos me siguen mirando imperturbables, pero tuvo que haber sido uno de ellos, algún rebelde sentimental oculto). ¿Pero quién?

Quité la bolsa y me senté. La maestra está molesta.

"¿Empezamos, muchachos? Evaluaremos sus presentaciones de ayer . . . "

Entre las flores hay un trozo de papel doblado. Lo abro para encontrar dos líneas:

Encontraremos nuestro derecho a ser.
Hasta entonces, cada primavera florecen las lilas.

blue jean magazine

El pincel

Siempre llevo mi pincel conmigo
A donde vaya,
En caso de que necesite una pantalla
para que mi verdadero yo no salga.
Tengo tanto miedo de mostrarte mi yo,
Miedo de lo que hagas,
De que te puedas reír o me puedas herir.
Tengo miedo de perderte.

Me gustaría quitarme todas estas capas de pintura
Para mostrarte mi verdadero y real yo,
Pero quiero que intentes comprender,
Necesito que aceptes lo que veas.
Así que si eres paciente y cierras los ojos,
Me quitaré todas esas capas mías.
Por favor entiende lo mucho que duele
Dejar que mi verdadero yo se muestre.

Ahora me he quitado todas esas capas.
Me siento desnuda, al descubierto y con frío,
Y si todavía me quieres con todo lo que ves,

Es que eres mi amigo, tan puro como el oro.
Necesito guardar mi pincel, no obstante,
Y conservarlo en la mano,
Lo quiero tener a la mano
En caso de que alguien no comprenda.
Por favor protégeme, querido amigo
Y gracias por quererme de verdad,
Pero por favor deja que conserve mi pincel
Hasta que yo me quiera a mí misma también.

Bettie B. Youngs

5

SOBRE EL APRENDIZAJE

La escuela no sólo me ha enseñado a aprender dentro del salón de clases, también fuera de clases. ¿Dónde crees que aprendí a trepar, a balancearme y a saltar? ¿Dónde crees que aprendí a encontrar a mi mejor amiga?

Jessie Braun, 18 años

Lo que aprendí de una docena de huevos

Deberíamos ser cuidadosos y obtener de una experiencia sólo la sabiduría que contiene.

Mark Twain

Robby Rogers . . . mi primer amor. Además, qué excelente muchacho. Era amable, honesto e inteligente. De hecho, cuanto más pienso en él, más razones encuentro para amarlo como lo amé. Salimos juntos durante todo un año. Como sabes, en secundaria eso es mucho tiempo.

No recuerdo por qué no fui a la fiesta de Nancy ese sábado por la noche, pero Robby y yo nos habíamos puesto de acuerdo para vernos más tarde. Me visitaría a eso de las 10:30 de la noche. Robby siempre llegaba a la hora que decía, así que a las 11:00 de la noche me comencé a preocupar. Sabía que algo andaba mal.

El domingo por la mañana me despertó con una llamada telefónica. "Necesitamos hablar. ¿Puedo pasar a verte?"

Quise decir, "No, no puedes pasar a verme y decirme que algo anda mal". Pero respondí, "Claro", y colgué con un nudo en el estómago.

Tenía yo razón. "Anoche estuve con Sue Roth", me informó Robby, "y ahora vamos a salir juntos". Siguió con el acostumbrado, "Estoy tan confundido. Yo nunca haría nada para lastimarte, Kim. Siempre te querré".

Debo haber empalidecido porque sentí que la sangre se me iba de la cara. Esto no era lo que yo esperaba; me sorprendió mi reacción. Estaba tan enojada que no podía terminar ni una oración. Me sentía tan lastimada que todo, excepto el dolor en mi corazón, parecía moverse en cámara lenta.

"Anda, Kim, no seas así. Podemos seguir siendo amigos, ¿o no?"

Esas son las palabras más crueles que le puedes decir a alguien a quien estás dejando plantado. Lo había amado con todo el corazón, había compartido con él hasta mi más mínima debilidad y flaqueza, sin mencionar las cuatro horas al día que pasé con él durante el último año (sin contar el tiempo en el teléfono). Quería golpearlo con todas mis fuerzas, una y otra vez, hasta que se sintiera tan mal como yo me sentía. En lugar de eso, le pedí que se fuera. Creo que le dije algo sarcástico como, "Creo que te está llamando Sue".

Cuando me senté en la cama y lloré por horas, me sentía tan dolida que nada podía consolarme. Incluso traté de comerme un galón entero de helado. Escuché todas nuestras canciones favoritas una y otra vez, atormentándome con recuerdos de los buenos tiempos y las palabras de amor. Después de maltratarme a mí misma con indulgencias que no valían la pena, tomé una decisión.

Recurriría a la venganza.

Esto fue lo que elucubré: Sue Roth es, no, fue una de mis mejores amigas. Las buenas amigas no se abalanzan sobre tu novio cuando no estás presente. Obviamente tenía que pagar por ello.

Ese fin de semana compré unas cuantas docenas de huevos y me dirigí a la casa de Sue con un par de amigas. Al empezar, sólo sentía un poco de ira, pero luego ésta creció. Así que cuando alguien encontró una ventana del sótano abierta, arrojamos los huevos restantes en el interior. Pero eso no es lo peor. Los Roth habían salido de la ciudad por tres días.

Acostada en mi cama esa noche, empecé a pensar en lo que habíamos hecho. *Eso está mal, Kim . . . verdaderamente mal.*

No tardó mucho en que todos lo supieran en la escuela. Robby y Sue estaban saliendo juntos y alguien había arrojado huevos a su casa mientras ella estaba fuera de la ciudad, y había quedado la casa en tan mal estado que sus padres tuvieron que contratar a un profesional para deshacerse del olor.

Tan pronto llegué a casa de la escuela, mi mamá estaba ahí, esperándome para hablar. "Kim, mi teléfono ha estado sonando todo el día, y no sé qué decir. Por favor, me lo tienes que decir. ¿Lo hiciste tú?"

"No, mamá, de ningún modo." Me sentí en verdad mal de mentirle a mi mamá.

Mi mamá estaba furiosa cuando fue al teléfono para llamar a la señora Roth. "Soy Ellen. Quiero que deje de acusar a mi hija de arrojar huevos a su casa." Para entonces, mamá le estaba gritando a la madre de Sue, cada vez subía más el tono de su voz. "Kim *jamás* haría algo semejante, y quiero que deje de decir que ella fue." Estaba en verdad enfurecida. "Y lo que es más, *¡quiero que se disculpe conmigo y con mi hija!*"

Me sentí bien por la forma en que mi mamá me defendió, pero atroz respecto a la realidad. Todo tipo de sentimientos se entremezclaron en mi interior, pero sabía que le tenía que decir la verdad. Hice señas a mi mamá para que colgara el teléfono. Colgó, se acercó a la mesa y se sentó. Lo sabía. Lloré y le manifesté lo apenada que me sentía. Entonces ella también lloró. Habría preferido que se enojara, pero ya había utilizado toda su ira contra la señora Roth.

Llamé a la señora Roth y le dije que le entregaría cada centavo de lo que había ahorrado de mi trabajo como niñera para ayudar a pagar los daños. Aceptó, pero me pidió que no fuera sino hasta que estuviera con ánimos como para perdonarme.

Esa noche mamá y yo nos quedamos levantadas hasta tarde, conversando y llorando. Me contó de cuando su novio la dejó por su hermana. Le pregunté que si ella había arrojado huevos a su propia casa, y rió. Me dijo que aunque yo había hecho algo terrible, la enfurecía el pensar en las cosas que la señora Roth había dicho en el teléfono. "Después de todo", añadió mamá, "¿qué opina de que su hija robe novios?".

Luego me comentó lo duro que es a veces ser padre, porque uno quisiera gritarle a todo aquel que le cause una pena a su hijo, pero no puede. Uno tiene que hacerse a un lado y mirar mientras los hijos aprenden duras lecciones por sí mismos.

Confesé a mi mamá lo increíble que me sentí al oírla defenderme como lo hizo. Y al terminar la noche, le manifesté lo especial que había sido pasar este tipo de momento con ella. Me abrazó y exclamó, "Bueno. Podemos pasar la noche del próximo sábado juntas, y la siguiente también. Porque te dije, ¿o no?, que estás castigada durante dos semanas".

Kimberly Kirberger

Una larga caminata a casa

La experiencia, el más brutal de los maestros.
Pero uno aprende, vaya si uno aprende.

C. S. Lewis

Crecí en el sur de España en una pequeña comunidad llamada Estepona. Tenía yo 16 años, cuando una mañana me dijo mi padre que lo podía llevar en el auto a un pueblo remoto llamado Mijas, a unos 29 kilómetros de distancia, con la condición de que llevara el auto al servicio en un taller cercano. Como apenas había aprendido a conducir, y casi nunca tenía la oportunidad de usar el auto, acepté de inmediato. Llevé a papá hasta Mijas y le prometí recogerlo a las 4:00 de la tarde, después me dirigí a un taller cercano y dejé el auto. Como tenía algunas horas libres, decidí ver un par de películas en un cine cercano al taller. Sin embargo, me enfrasqué tanto en las películas, que perdí la noción del tiempo. Cuando terminó la última película, miré el reloj. Eran las seis de la tarde. Tenía dos horas de retraso.

Sabía que papá se enojaría si descubría que había estado viendo películas. Jamás me prestaría de nuevo el auto. Decidí decirle que el auto había necesitado alguna reparación y que les había llevado más tiempo del esperado. Me dirigí al lugar donde quedamos de vernos y vi a papá esperando paciente en la esquina. Me disculpé por haber llegado tarde y le expliqué que había ido lo más rápido posible, pero que el auto había necesitado una reparación mayor. Nunca olvidaré la mirada que me echó. "Me decepciona que consideres que me tienes que mentir, Jason."

"¿A qué te refieres? Te estoy diciendo la verdad."

Papá me miró de nuevo. "Cuando vi que no aparecías, llamé al taller para preguntar si había algún problema, y me dijeron que todavía no habías recogido el auto. Así que ya ves, sé que no hubo ningún problema con el auto."

Un sentimiento de culpa me asaltó al confesarle avergonzado que me había ido al cine y la verdadera razón de mi tardanza. Papá escuchó atento, al mismo tiempo que lo invadió una gran tristeza.

"Estoy enojado, no contigo sino conmigo. Sabes, me doy cuenta que he fracasado como padre si después de todos estos años sientes que me tienes que mentir. He fracasado porque he educado a un hijo que ni siquiera le puede decir la verdad a su propio padre. Me voy a ir caminando a casa para reflexionar en lo que he hecho mal todos estos años."

"Pero papá, hay 29 kilómetros hasta la casa. Ya está oscuro. No te puedes ir caminando a casa."

Mis protestas, mis disculpas y mis demás explicaciones fueron inútiles. Le había fallado a mi padre y estaba a punto de aprender una de las lecciones más dolorosas de mi vida. Papá empezó a caminar a lo largo del camino polvoriento. De inmediato salté al auto y lo seguí, con la esperanza de que se reblandeciera. Todo el camino le fui suplicando, le dije que lo sentía mucho, pero él sólo me ignoró, permaneció silencioso, pensativo y adolorido. Lo seguí los 29 kilómetros, a una velocidad promedio de 8 kilómetros por hora.

Ver a mi padre con un dolor físico y emocional tan profundo ha sido la experiencia más embarazosa y penosa a la que me haya yo jamás enfrentado. Sin embargo, también ha sido la mejor lección. Desde entonces nunca le he vuelto a mentir.

Jason Bocarro

El precio de la gratitud

Tenía yo unos 13 años. Mi padre con regularidad me llevaba a paseos cortos los sábados. A veces íbamos a un parque, o a un muelle para ver embarcaciones. Mis viajes favoritos eran a las tiendas de usado, donde podíamos admirar material electrónico viejo. De cuando en cuando comprábamos algo de 50 centavos sólo para desarmar.

Cuando regresábamos a casa de estos viajes, papá solía detenerse en Dairy Queen para comprar conos de helado de 10 centavos. No siempre, sólo a veces. Yo nunca sabía cuándo, sólo esperaba y rezaba desde el momento en que se iniciaba nuestro regreso a casa por esa esquina crítica donde continuaríamos recto al helado o giraríamos y llegaríamos a casa con las manos vacías. Esa esquina significaba la emoción de una boca hecha agua, o la desilusión.

En algunas ocasiones mi padre me atormentaba tomando el camino largo a casa. "Voy a tomar este camino sólo por variar", comentaba al pasar frente a Dairy Queen sin detenerse. Se trataba de un juego, no estamos hablando aquí de tortura, ya que se me alimentaba bien.

En los mejores días me preguntaba, en un tono como si fuera novedoso y espontáneo, "¿Quieres un cono de

helado?" y yo respondía, "Suena fantástico, papá". Yo
siempre compraba de chocolate y él de vainilla. Me daba
20 centavos y corría a comprar lo acostumbrado. Nos los
comíamos en el auto. Adoraba a mi papá y adoraba los
helados, así que eso era el cielo para mí.

En un día fatídico nos dirigimos rumbo a casa y yo
esperé y recé por el bello sonido de su oferta. Y llegó.
"¿Quieres hoy helado?"

"¡Suena fantástico, papá!"

Pero entonces dijo, "Eso me suena a mí también fantástico, hijo. ¿Qué tal te parecería que pagaras tú hoy?".

¡Veinte centavos! ¡Veinte centavos! La mente me dio
vueltas. Yo lo podía pagar, ya que recibía 25 centavos a la
semana además de algo extra por trabajos eventuales.
Pero ahorrar dinero era importante. Papá me lo había
enseñado. Y cuando se trataba de mi dinero, no lo estaba
usando bien en helado.

¿Por qué no se me ocurrió que esta era una excelente
oportunidad de dar algo de regreso a mi muy generoso
padre? ¿Por qué no pensé que él me había comprado
50 helados, y yo nunca le había comprado uno? Pero en
todo lo que pude pensar fue "¡20 centavos!".

En un arranque de egoísmo, de miserable ingratitud,
articulé las espantosas palabras que han sonado desde
entonces en mis oídos. "En ese caso, entonces creo que
paso."

Mi padre sólo contestó, "Está bien, hijo".

Pero al dar la vuelta para dirigirnos a casa, comprendí lo
errado que estaba y le pedí que regresara. "Yo pagaré",
supliqué.

Pero él sólo respondió, "No importa, en realidad no lo
necesitamos", y no escuchó mi súplica. Nos fuimos a casa.

Me sentí muy mal por mi egoísmo e ingratitud. No me
lo recalcó, ni siquiera se molestó. Pero creo que de
ninguna otra forma me habría impactado más.

Aprendí que la generosidad va y viene, y que la gratitud a veces cuesta un poco más que sólo un "gracias". Ese día la gratitud habría costado 20 centavos, y habría sido el mejor helado que haya comido.

Te diré una cosa más. A la siguiente semana hicimos el viaje acostumbrado, y cuando nos acercamos a la esquina crucial, exclamé, "Papá, ¿te gustaría comer un helado? Va por mi cuenta".

Randal Jones

Señora Virginia DeView, ¿dónde está?

En la vida de todos hay un punto clave, y en la mayoría de los casos aparece por el estímulo de alguien más.

George Adams

Estábamos sentados en su clase, riéndonos, molestándonos unos a otros y compartiendo los últimos chismes del día, como el peculiar rímel violeta que llevaba Cindy ese día. La señora Virginia DeView despejó su garganta y nos pidió que nos calláramos.

"Ahora", dijo sonriente, "vamos a descubrir nuestra profesión". La clase se quedó boquiabierta al unísono. ¿Nuestra profesión? Nos miramos lo unos a los otros. Sólo teníamos 13 y 14 años de edad. Esta maestra estaba chiflada.

Así es más o menos como los muchachos veían a Virginia DeView, cabello arremolinado atrás en un moño y enormes dientes que sobresalían de su boca. Por su apariencia física era siempre objeto fácil de risitas y bromas crueles entre los estudiantes.

Sus alumnos también se molestaban mucho porque era muy exigente. La mayoría pasamos por alto su brillantez.

"Sí, todos ustedes iniciarán la búsqueda de su futura profesión", declaró con un destello en su rostro, como si esto fuera lo mejor que hiciera en su clase todos los años. "Ustedes harán un trabajo de investigación respecto a su futura carrera. Cada uno tendrá que entrevistar a alguien de su campo, y dará un informe oral."

Todos nos fuimos a casa confundidos. ¿Quién sabe qué quiere hacer a los 13 años? Sin embargo, yo lo pude reducir. Me gustaba pintar, cantar y escribir. Pero era fatal con la pintura, y cuando cantaba mis hermanas me gritaban: "Por favor, cállate". Así que lo único que quedaba era escribir.

Todos los días en clase, Virginia DeView nos preguntaba. ¿Cómo nos iba? ¿Quién había ya seleccionado su carrera? Al final casi todos habíamos seleccionado algo; yo seleccioné periodismo impreso. Esto significaba que tenía que ir a entrevistar a un verdadero reportero en persona, y estaba aterrada.

Me senté frente a él sin saber qué decir. Me miró y me preguntó: "¿Trajiste lápiz o pluma?".

Negué con la cabeza.

"¿Y, papel?"

Negué de nuevo con la cabeza.

Finalmente creo que comprendió que estaba aterrada, y obtuve mi primer gran consejo como periodista. "Nunca, jamás, ir a ningún lado sin pluma y papel. Uno nunca sabe qué se va a encontrar en el camino."

Durante los siguientes 90 minutos, me narró historias de robos, de crímenes y de incendios. Jamás olvidará el trágico incendio en el que cuatro miembros de una familia murieron calcinados. Todavía podía oler la carne quemada, aseveró, y jamás olvidaría esta horrible historia.

Algunos días más tarde di mi informe oral totalmente de memoria, ya que había quedado fascinada. Obtuve la máxima nota en todo el proyecto.

Al acercarse el final del año escolar, algunos estudiantes muy resentidos decidieron vengarse de Virginia DeView por el difícil trabajo que nos había asignado. Al dar vuelta a una esquina, le lanzaron un pastel en la cara con todas sus fuerzas. Físicamente fue ligera la herida, pero en lo emocional quedó muy lastimada. No regresó a la escuela en varios días. Cuando escuché lo sucedido, sentí un horrible y profundo hueco en el estómago. Sentí vergüenza por mí y por mis compañeros que no tenían nada mejor que hacer que molestar a una mujer por su apariencia, en lugar de apreciar sus sorprendentes técnicas educativas.

Años después olvidé todo lo de Virginia DeView y las carreras que habíamos seleccionado. Estaba en la universidad y buscaba una nueva carrera. Mi padre quería que estudiara administración, lo que parecía un consejo sensato en ese momento, excepto que yo no tenía ningún sentido de los negocios. Entonces recordé a Virginia DeView y mi deseo a los 13 años de ser periodista. Telefoneé a mis padres.

"Voy a cambiar de especialidad", anuncié.

Hubo un silencio impactante al final de la línea.

"¿A qué?", finalmente preguntó mi padre.

"Periodismo."

Pude percibir por sus voces la desdicha de mis padres, pero no me lo impidieron. Sólo me hicieron recordar lo competitivo que era el campo y cómo toda mi vida había salido huyendo de la competencia.

Eso era verdad. Pero el periodismo me estimulaba, estaba en mi sangre. Me dio la libertad de acercarme a personas totalmente extrañas para preguntar qué sucedía. Fue un entrenamiento para hacer preguntas y recibir respuestas tanto en mi vida profesional como en la personal. Me dio confianza en mí misma.

Durante los últimos 12 años, he vivido una carrera de

periodismo sumamente satisfactoria e increíble, cubriendo historias desde asesinatos hasta accidentes aéreos para finalmente establecerme en mi especialidad. Me encantaba escribir sobre los tiernos y trágicos momentos de la vida de las personas porque sentía que de alguna manera les ayudaba.

Un día que iba a tomar el teléfono, una increíble oleada de recuerdos me golpeó y comprendí que de no haber sido por Virginia DeView, yo no estaría sentada en ese escritorio.

Tal vez ella nunca llegue a saber que sin su ayuda, yo no habría sido periodista y escritora. Sospecho que andaría a tumbos en algún lugar del mundo de los negocios, con una gran desdicha oscureciendo los días mi vida. Me pregunto ahora cuántos estudiantes de su clase se beneficiaron con ese proyecto para encontrar su futura carrera.

Es frecuente la pregunta: "¿Cómo llegaste al periodismo?".

"Bueno, verás, tenía yo una maestra . . . " Siempre empiezo así. Cómo desearía podérselo agradecer.

Creo que cuando las personas recuerdan sus días de escuela, aparece esta imagen desvanecida de un maestro en particular, de su muy particular Virginia DeView. Tal vez tú se lo puedas agradecer antes de que sea demasiado tarde.

Diana L. Chapman

¿Cuál es el problema?

Una maestra recién egresada de nombre Mary, fue a enseñar a una reserva de indios Navajo. Todos los días pedía a cinco de los estudiantes Navajo que fueran al pizarrón y completaran un simple problema de matemáticas de su tarea en casa. Permanecían inmóviles, silenciosos, sin mostrar deseo alguno de completar el ejercicio. Mary no sabía qué sucedía. Nada de lo que había estudiado en su carrera educativa le ayudaba, y nunca antes había visto algo similar en sus días de estudiante para maestra allá en Phoenix.

¿En qué me equivoco? ¿Pude haber elegido a cinco estudiantes que no sabían resolver el problema? Mary dudaba. *No, no puede ser eso.* Finalmente preguntó a los alumnos cuál era el problema. Y en su respuesta recibió una sorprendente lección de sus jóvenes alumnos indios sobre la imagen personal y el sentido de valor personal.

Parecía que los estudiantes respetaban la individualidad de los demás y sabían que no todos eran capaces de resolver los problemas. A su corta edad, ya comprendían la insensatez del planteamiento de ganador-perdedor en el salón de clases. Consideraban que nadie saldría ganador si a alguno de los estudiantes se le ponía en evidencia o avergonzaba ante el pizarrón. Así que se rehusaban a competir entre sí en público.

Una vez que comprendió, Mary cambió el sistema de tal modo que pudo verificar el problema de matemáticas de cada niño de manera individual, y sin que fuera a expensas de algún niño frente a sus compañeros. Todos querían aprender, pero no a expensas de otro.

The Speaker's Sourcebook

Las eternas dádivas

En la hora más oscura, el alma es reabastecida
y recibe la fuerza que necesita para continuar
y resistir.

Heart Warrior Chosa

"¿Es verdad eso, o sólo lo colocó en el tablero porque suena fascinante?"

"¿Qué es verdad?", pregunté sin levantar la vista de mi escritorio.

"Ese letrero que hizo que dice, 'Si lo puedes concebir y creer, lo puedes conseguir'."

Miré hacia arriba, hacia Paul, uno de mis alumnos favoritos, pero definitivamente no uno de mis mejores estudiantes. "Bueno, Paul", respondí, "el hombre que escribió esas palabras, Napoleon Hill, lo hizo después de años de investigar las vidas de hombres y mujeres excepcionales. Descubrió que ese concepto, estipulado en muchas formas diferentes, era lo que todos ellos tenían en común. Julio Verne lo articuló de otra manera cuando expresó, 'Todo lo que la mente de un hombre puede imaginar, la mente de otro hombre lo puede crear'".

"¿Quiere decir que si yo tengo una idea y en verdad la creo, la puedo hacer realidad?" Preguntó con tal intensidad que capturó toda mi atención.

"Por lo que he visto y leído, Paul, esa no es una teoría, es una ley que se ha comprobado a lo largo de la historia."

Paul colocó sus manos dentro de los bolsillos traseros de sus Levi's y caminó a paso lento alrededor del salón. Entonces se giró y me miró con nueva energía. "Señor Schlatter", exclamó, "toda la vida he sido un estudiante de promedio bajo, y sé que eso me va a costar más tarde en la vida. ¿Y qué tal si yo me concibo a mí mismo como un buen estudiante y en verdad lo creo... creo que incluso *yo* lo puedo conseguir?".

"Sí, Paul, pero has de saber algo. Si en verdad lo crees, debes actuar. Yo creo que hay una fuerza en tu interior que hará grandes cosas para ayudarte, una vez que hagas el compromiso."

"¿A qué se refiere con compromiso?", preguntó.

"Bueno, hay un relato acerca de un predicador que fue a la granja de un miembro de su congregación. Al admirar la belleza del lugar, exclamó, 'Clem, tú y el Señor han hecho de esto algo en verdad hermoso'."

"'Gracias, predicador', respondió Clem, 'pero debió haberlo visto cuando sólo el Señor lo tenía a su cargo'."

"En esencia, Paul, Dios nos da la leña, pero nosotros tenemos que encender el fósforo."

Siguió un silencio de suspenso. "Está bien", añadió Paul, "lo haré. Para cuando termine el semestre, habré conseguido un promedio de B".

Ya era la quinta semana del trimestre y en mi clase Paul tenía de promedio D.

"Es una montaña bastante alta, Paul, pero yo también creo que tú puedes conseguir lo que acabas de concebir." Nos reímos los dos y se alejó del salón para ir a almorzar.

Durante las siguientes 12 semanas, Paul me concedió

una de las experiencias más emotivas que un maestro pueda tener. Se le desarrolló una entusiasta curiosidad al hacer preguntas inteligentes. Su nuevo sentido de la disciplina se podía ver en una apariencia más grata y un vigoroso sentido de dirección en su andar. Poco a poco empezó a subir su promedio, se ganó un elogio por su mejoramiento y se podía ver cómo su autoestima crecía. Por primera vez en su vida, otros estudiantes le empezaron a pedir ayuda. Desarrolló una encantadora y carismática cordialidad.

Finalmente llegó la victoria. Un viernes por la tarde me senté a calificar un examen importante sobre la Constitución. Miré el trabajo de Paul durante largo rato antes de tomar la pluma roja y empezar a calificar. Ni una sola vez tuve que usar la pluma. Era un trabajo perfecto, su primera A+. De inmediato saqué el promedio junto con sus demás calificaciones y ahí estaba, un promedio A/B. Había escalado su montaña con cuatro semanas de anticipación. Llamé a mis colegas para compartir la noticia.

Ese sábado por la mañana fui a la escuela para un ensayo de *Follow the Dream*, la obra que yo estaba dirigiendo. Entré despreocupado al estacionamiento y me saludó Kathy, la mejor actriz en la obra y una de las mejores amigas de Paul. Las lágrimas corrían por su cara. Tan pronto salí del auto, corrió hacia mí y se me echó encima en un torrente de sollozos. Entonces me narró lo que había sucedido.

Paul se encontraba en casa de un amigo y estaban viendo la colección de armas "descargadas" en el cuarto de trabajo. Siendo muchachos, empezaron a jugar a policías y ladrones. Uno de los muchachos apuntó con una pistola "descargada" a la cabeza de Paul y tiró del gatillo. Paul cayó con una bala alojada en su cerebro.

El lunes, un ayudante entró con una notificación de "retiro" de Paul. Había un recuadro junto a "libro" para ver si tenía su examen, y junto al recuadro de "calificación" estaba escrito "innecesario".

"Eso es lo que tú dices", pensé para mis adentros, mientras anotaba una B grande en rojo en el recuadro. Me giré para darle la espalda a la clase para que no pudieran ver mis lágrimas. Paul se había ganado esa nota y aquí estaba, pero Paul se había ido. Esa nueva ropa que se había comprado con su propio dinero estaba todavía en su armario, pero Paul se había ido. Sus amigos, su elogio, su premio de fútbol americano, estaban todavía aquí, pero Paul se había ido. ¿Por qué?

Una cosa buena acerca de una aflicción total y completa es que hace a la persona tan humilde que no opone resistencia a la voz de esa fuerza amorosa liberada que jamás nos abandona.

"Constrúyete más mansiones majestuosas, oh, alma mía." Mientras escuchaba mi corazón las palabras de ese viejo poema, comprendí que Paul no dejaba todo atrás. Las lágrimas se empezaron a secar y una sonrisa apareció en mi rostro al imaginarme a Paul todavía concibiendo, todavía creyendo y todavía consiguiendo, armado con su recién desarrollada curiosidad, disciplina, sentido de dirección y autoestima, esas mansiones invisibles del alma que estamos aquí para cultivar.

Nos abandonó dejándonos una gran riqueza. Fuera de la iglesia el día del funeral, reuní a los estudiantes de teatro y les anuncié que el ensayo empezaría al siguiente día. En recuerdo de Paul y de todo lo que nos dejó, era una vez más el momento de seguir el sueño.

Jack Schlatter

Yo soy . . .

Las palabras "Yo soy . . . " son palabras de mucha fuerza; sé cuidadoso con lo que le añades. Lo que estás afirmando se las arregla para dar media vuelta y definirte.

A. L. Kitselman

[NOTA DEL EDITOR: *¿Has observado la frecuencia con que la gente te pregunta qué vas a ser, qué haces, o qué planeas hacer después de la universidad? Para todos nosotros que hemos sufrido porque lo que hacemos o lo que vamos a hacer no parece ser suficiente, he aquí la verdadera respuesta. Y recordemos esto para la siguiente vez que alguien diga, "Oh, ¿de verdad? Bueno . . . no hay nada de malo en cocinar hamburguesas para ganarte la vida. Deberías estar orgulloso".*]

Yo soy arquitecto: He establecido un sólido cimiento; y cada año que voy a esa escuela añado otro piso de sabiduría y conocimiento.

Yo soy escultor: He esculpido mi moral y filosofía de acuerdo al barro de lo que está bien y de lo que está mal.

Yo soy pintor: Con cada nueva idea que expreso, pinto un nuevo tinte en la multitud de colores del mundo.

Yo soy científico: Cada día que pasa, reúno más datos, hago observaciones importantes y experimento con nuevos conceptos e ideas.

Yo soy astrólogo: Leo y analizo las palmas de la vida y de cada nueva persona que conozco.

Yo soy astronauta: Constantemente exploro y ensancho mi horizonte.

Yo soy médico: Sano a quienes recurren a mí en busca de consulta y consejo, y extraigo vitalidad en aquellos que parecen sin vida.

Yo soy abogado: No temo defender los inevitables y elementales derechos de mí mismo y de los demás.

Yo soy policía: Yo siempre velo por el bienestar de los demás y siempre estoy presente para prevenir pleitos y conservar la paz.

Yo soy maestro: Con mi ejemplo otros aprenden la importancia de la determinación, dedicación y esfuerzo.

Yo soy matemático: Me aseguro de superar cada uno de mis problemas con soluciones correctas.

Yo soy detective: Miro con curiosidad a través de mis dos cristalinos, buscando el sentido y significado de los misterios de la vida.

Yo soy miembro del jurado: Juzgo a los demás y sus situaciones sólo después de haber oído y comprendido la historia completa.

Yo soy banquero: Otros comparten conmigo sus obligaciones y méritos y jamás pierden interés.

Yo soy jugador de hockey: Vigilando a aquellos que tratan de obstaculizar mi meta y esquivándolos.

Yo soy maratonista: Lleno de energía, siempre en movimiento y listo para el siguiente reto.

Yo soy escalador: Lento pero seguro, me estoy abriendo camino hasta la cima.

Yo soy equilibrista: Furtiva y cuidadosamente marcho a mi propio paso a través de cualquier situación accidentada, pero siempre llego salvo al final.

Yo soy millonario: Rico en amor, sinceridad y compasión, y poseo un caudal de conocimiento, sabiduría, experiencia y discernimiento que no tiene precio.

Pero lo más importante, es que yo soy yo.

Amy Yerkes

Sparky

Para Sparky, la escuela fue algo casi imposible. Suspendió todas las materias en octavo grado. En secundaria suspendió física con cero. Sparky también suspendió latín, álgebra e inglés. No salió mejor en deportes. Aunque consiguió estar en el equipo de golf de la escuela, de inmediato perdió el único partido importante de la temporada. Había un partido de consolación; también ese lo perdió.

Durante su juventud, Sparky fue torpe a nivel social. No es que les desagradara a los demás estudiantes, a ninguno le importaba tanto. Se asombraba cuando algún compañero de clase lo saludaba fuera de las horas de escuela. No hay forma de decir qué habría hecho en una cita; Sparky jamás le pidió a ninguna muchacha que saliera con él en secundaria. Tenía demasiado miedo de que lo rechazaran.

Sparky era un perdedor. Él, sus compañeros de clase… todos lo sabían. Así que cargó con ello. Sparky decidió desde temprana edad que si las cosas iban a salir bien, saldrían. De lo contrario, se contentaría con lo que parecía sería su inevitable mediocridad.

Sin embargo, una cosa era importante para Sparky: dibujar. Estaba orgulloso de su obra artística. Claro que nadie más la apreciaba. En su último año de preparatoria, entregó algunas de sus tiras cómicas a los editores del anuario. Las tiras cómicas fueron rechazadas. A pesar de este rechazo en particular, Sparky estaba tan convencido de su habilidad que decidió ser artista profesional.

Al terminar la preparatoria, escribió una carta a los Estudios de Walt Disney. Se le pidió que enviara algunos de sus trabajos artísticos, y se le sugirió el tema para una tira cómica. Sparky dibujó la tira cómica sugerida. Dedicó mucho tiempo a la tira y a los demás dibujos que envió. Finalmente recibió respuesta de los Estudios Disney. Se le rechazó una vez más. Otra pérdida para el perdedor.

Así que Sparky decidió escribir su propia autobiografía en tiras cómicas. Describió su propia infancia, un pequeño muchacho perdedor, alguien que una y otra vez rinde menos de lo esperado. El personaje de la tira cómica pronto se hizo famoso por todo el mundo. Porque Sparky, el muchacho que nunca tuvo éxito en la escuela y cuyo trabajo fue rechazado una y otra vez, era Charles Schultz. Él fue el creador de la tira cómica "Peanuts" y del pequeño personaje de tira cómica cuya cometa nunca vuela y que nunca logra patear un balón de fútbol, Carlitos.

Bits & Pieces

De haber sabido

Ya sabes, uno siempre oye a la gente que dice, "De haber sabido entonces lo que ahora sé . . .".
Alguna vez te dieron ganas de exclamar . . . sí . . . anda . . . adelante . . .
Así que ahí vamos . . .

Habría escuchado con más atención lo que me dice el corazón.
Me habría divertido más . . . preocupado menos.
Habría sabido que la escuela se terminaría demasiado pronto . . . y que el trabajo . . . bueno, no importa.
No me habría preocupado tanto de lo que los demás piensan.
Habría apreciado toda mi vitalidad y la tersura de mi piel.
Habría jugado más, me habría preocupado menos.
Habría sabido que mi hermosura/gallardía está en mi amor por la vida.
Habría sabido lo mucho que me quieren mis padres y habría creído que ellos hacen lo mejor que pueden.

Habría disfrutado el sentimiento de "estar enamorada" y no me habría preocupado de si saldría bien.

Habría sabido que tal vez no duraría. . . pero que con ello vendría algo mejor.

No habría temido actuar de manera infantil.

Habría sido más valiente.

Habría buscado las buenas cualidades de los demás y los habría disfrutado por tenerlas.

No me habría juntado con gente sólo porque son "populares".

Habría tomado lecciones de baile.

Habría disfrutado mi cuerpo tal como es.

Habría confiado en mis amigas.

Habría sido una amiga de confianza.

No habría confiado en mis novios. (Sólo es una broma.)

Habría disfrutado los besos. Los habría disfrutado en grande.

Habría sabido apreciar y agradecer más, eso es seguro.

Kimberly Kirberger

6

SITUACIONES TRÁGICAS

Uno adquiere fuerza, coraje y confianza de todas aquellas experiencias ante las que te detienes a mirar el miedo a la cara. Después te puedes decir a ti mismo, "Si ya he pasado por este terror, puedo con lo siguiente que venga".

Eleanor Roosevelt

Sólo un trago

A un lado de la autopista 128 hay una pequeña cruz, cerca del pueblo de Boonville. Si esta cruz pudiera hablar, te narraría esta triste historia:

Hace siete años mi hermano Michael estaba de visita en el rancho de un amigo y decidieron salir a cenar. Llegó Joe y se ofreció para conducir, después de sólo un trago. Despreocupados, los cuatro amigos viajaron por el camino sinuoso. No sabían dónde terminaría, nadie lo sabía. De pronto viraron bruscamente hacia el sentido opuesto y se estrellaron contra un auto de frente.

Allá en casa nosotras veíamos *E.T.* en video frente al calor del fuego. Después cada quien se fue a la cama. A las 2 de la mañana, un oficial de policía despertó a mamá con la devastadora noticia. Michael estaba muerto.

Por la mañana encontré a mamá y a mi hermana llorando. Me quedé ahí de pie, confuso. "¿Qué sucede?", pregunté, frotándome los ojos todavía adormilados.

Mamá suspiró y me pidió, "Ven aquí . . . ".

Así empezó un espantoso viaje por el dolor, donde los caminos no llevan a ningún lado. Todavía sufro al recordar ese día.

Lo único que ayuda es narrar mi historia con la esperanza de que la recuerdes si estás tentado a subirte a un auto con alguien que ha bebido, aunque sólo sea un trago. Joe eligió el camino a ningún lado. Fue sentenciado por homicidio involuntario y estuvo en la cárcel. Sin embargo, el castigo verdadero es vivir con las consecuencias de sus actos. A nosotros nos dejó con un dolor en el corazón que nunca desaparecerá, con una pesadilla que lo perseguirá a él, y a nosotros, por el resto de nuestras vidas. Y una pequeña cruz a un lado de la autopista 128.

Chris Laddish, 13 años
Dedicado con amor a la memoria de Michael Laddish

El baile

Mirando atrás y recordando
El baile que nos unió bajo las estrellas
Por un momento sentí que todo el mundo iba bien
¿Cómo iba yo a saber que
era tu adiós?

[Coro:]
Y ahora me da gusto no haber sabido
La manera en que todo terminaría
La manera en que todo desaparecería
Es mejor dejar la vida a la suerte
Pude haberme perdido el dolor
Pero también habría tenido que perderme el baile

Teniéndote a ti tenía todo
Acaso no fui por un momento un rey
Si hubiera sabido cómo caería el rey
Bueno, entonces quién puede decir que pude haberlo
cambiado todo

[Repite el coro]

Es mejor dejar la vida a la suerte
Pude haberme perdido el dolor
Pero también habría tenido que perderme el baile*

Tony Arata

Muerto a los 17

La agonía desgarra mi mente. Soy parte de las estadísticas. Cuando llegué aquí, me sentí muy solo. Estaba abatido por el dolor y esperé encontrar compasión.

No encontré compasión. Sólo vi miles de otros cuyos cuerpos estaban tan mutilados como el mío. Se me dio un número y se me colocó en una categoría. La categoría se llamaba "fatalidades de tráfico".

El día en que morí era un día de clases común. ¡Cómo desearía haber tomado el autobús! Pero yo no era para andar en autobuses, era demasiado fino. Recuerdo cómo le sonsaqué el auto a mamá. "Un favor especial", supliqué. "Todos los muchachos van en auto." Cuando sonó la campana a las 2:50 de la tarde, arrojé mis libros en el casillero. Libre hasta mañana en la mañana. Corrí al estacionamiento, fascinado ante la idea de conducir el auto y ser mi propio jefe.

No importa cómo sucedió el accidente, iba haraganeando, a demasiada velocidad, arriesgándome a lo loco. Pero estaba disfrutando mi libertad y divirtiéndome. Lo último que recuerdo es que pasé a una señora de edad que parecía ir demasiado despacio. Escuché un trancazo y sentí una terrible sacudida. Vidrio y acero salieron volando por todos lados. Parecía que todo el cuerpo se me volteaba. Me escuché gritar.

De pronto desperté. Todo estaba en silencio. Un oficial de policía estaba parado frente a mí. Vi a un médico. Mi cuerpo estaba destrozado. Estaba saturado de sangre. Tenía clavados trozos de vidrio por todas partes. Me pareció extraño no sentir nada. Oigan, no me cubran la cabeza con esa sábana. No puedo estar muerto, sólo tengo 17 años. Hoy en la noche tengo una cita. Se supone que tengo una vida maravillosa por delante. Todavía no he vivido. ¡No puedo estar muerto!

Después se me colocó dentro de un cajón. Mi familia vino a identificarme. ¿Por qué tenían que verme así? ¿Por qué tuve que ver los ojos de mamá cuando se estaba enfrentando a la prueba más severa de su vida? Papá de pronto se vio muy viejo. Informó al encargado, "Sí, es nuestro hijo".

El funeral fue dramático. Vi a todos mis parientes y amigos acercarse al ataúd. Me miraban con los ojos más tristes que jamás haya visto. Algunos de mis camaradas lloraban. Algunas de las muchachas tocaron mi mano y sollozaron al retirarse.

Por favor, alguien, despiérteme. Sáqueme de aquí. No puedo soportar ver a mamá y a papá con tanto dolor. Mis abuelos están tan débiles del dolor que apenas pueden caminar. Mi hermano y mi hermana están como zombis, se mueven como robots, como ofuscados. Todos lo hacen. Nadie puede creerlo. Yo tampoco lo puedo creer.

¡Por favor, no me entierren! ¡No estoy muerto! ¡Tengo muchas cosas por vivir! Quiero reír y correr de nuevo. Quiero cantar y bailar. ¡Por favor, no me pongan bajo tierra! Te prometo, Dios mío, que si me das sólo una oportunidad más, seré el conductor más cauteloso de todo el universo. Todo lo que quiero es una nueva oportunidad. Por favor, Dios mío, sólo tengo 17 años.

John Berrio

Ganador de la medalla de oro

En la primavera de 1995 di una conferencia en una escuela media. Cuando terminó el programa, el director me preguntó si podría visitar a un estudiante especial. Una enfermedad mantenía al muchacho en casa, pero había mostrado interés en conocerme, y el director sabía que eso sería muy significativo para él. Accedí.

Durante el trayecto de catorce kilómetros a su casa, me enteré de algunas cosas sobre Matthew. Padecía distrofia muscular. Cuando nació, los médicos informaron a sus padres que no viviría ni 5 años, después les dijeron que no llegaría a los 10. Ahora tenía 13 y por lo que se me dijo, se trataba de un verdadero luchador. Me quería conocer porque yo había ganado la medalla de oro en levantamiento de pesas, y sabía de superar obstáculos y luchar por mis sueños.

Pasé más de una hora conversando con Matthew. En ningún momento se quejó o preguntó, "¿Por qué me pasa esto a mí?". Habló de ganar y triunfar y luchar por los sueños. Era obvio que sabía de lo que hablaba. Jamás mencionó que sus compañeros de clase se burlaran de él porque era diferente, sólo habló de sus esperanzas en el futuro, y de que un día quería levantar pesas conmigo. Cuando terminamos de hablar, fui a mi portafolios y saqué la primera medalla de oro que gané en levantamiento de pesas y la coloqué alrededor de su cuello. Le manifesté que él era un mejor ganador y que sabía más de éxito y de superar obstáculos que yo. La miró un instante, se la quitó y me la devolvió. Me explicó, "Rick, tú eres un campeón. Tú ganaste esa medalla. Algún día, cuando yo asista a los juegos olímpicos y gane mi medalla de oro, te la mostraré".

El verano pasado recibí una carta de los padres de Matthew en la que me comunicaban que había fallecido. Querían que recibiera una carta que me escribió días antes.

Querido Rick,

Mamá me dijo que debería enviarte una carta de agradecimiento por la bonita fotografía que me enviaste. También quiero que sepas que los médicos dicen que ya no me queda mucho tiempo más. Cada vez me es más difícil respirar y me canso fácilmente, pero sigo sonriendo tanto como puedo. Sé que nunca seré tan fuerte como tú y sé que nunca llegaremos a levantar pesas juntos.

Te dije que algún día iría a los juegos olímpicos y ganaría una medalla de oro. Ahora sé que nunca lo conseguiré, pero sé que soy un campeón, y Dios lo sabe también. Sabe que no me doy por vencido, y cuando llegue al cielo, Dios me dará mi medalla de oro, y cuando tú llegues ahí, te la mostraré. Gracias por quererme.

Tu amigo,
Matthew

Rick Metzger

Desiderátum

Camina plácido entre el ruido y la celeridad, y recuerda la paz que debe haber en el silencio. Tanto como te sea posible, sin rendirte, vive en buenos términos con todas las personas. Expresa tu verdad calmada y claramente, y escucha a los demás, incluso al torpe e ignorante, ellos también tienen su historia.

Evita a las personas agresivas y ruidosas, son una ofensa al espíritu. Si te comparas con otros, tal vez te vuelvas amargado o vanidoso, porque siempre habrá alguien mejor o inferior a ti. Disfruta tus logros así como tus planes.

Conserva tu interés en tu propia carrera, por humilde que sea; es una verdadera posesión en la cambiante buenaventura del tiempo. Ejerce prudencia en tus asuntos de negocios; ya que el mundo está plagado de embustes. Pero no dejes que esto te ciegue a la virtud que eso conlleva, muchas personas luchan por ideales elevados, y en todos lados la vida está llena de heroísmo.

Sé tú mismo. Sobre todo, no simules afecto. Tampoco seas cínico en el amor, porque frente a toda aridez y desencanto es tan perenne como la hierba.

Toma con benevolencia el consejo de los años, y renuncia de buen modo a las cosas de la juventud. Fomenta la fuerza del espíritu para que te resguarde ante un repentino infortunio. Pero no te angusties con fantasías. Muchos miedos nacen del cansancio y la soledad. Por encima de una disciplina saludable, sé dulce contigo mismo. Tú eres un niño del universo, no eres menos que los árboles y las estrellas; tienes derecho a estar aquí. Y te quede claro o no, no hay duda de que el universo sigue su curso como debe.

Por lo tanto siéntete en paz con Dios, como sea que concibas que Él es, y sean las que fueran tus ocupaciones y aspiraciones, en la ruidosa confusión de la vida conserva la paz con tu alma.

Con toda su hipocresía, fatigosos trabajos y sueños rotos, sigue siendo un hermoso mundo. Sé jovial. Lucha por ser feliz.

Max Ehrmann

7

INICIATIVAS
CON IMPACTO

*P*ocas veces nos llega la gran oportunidad de
ayudar a otros, pero a diario nos vemos
rodeados de pequeñas oportunidades.

Sally Koch

¿Qué es el éxito?

¿Qué es el éxito?
Reír mucho y con regularidad;
Ganarse el respeto de personas inteligentes
y el cariño de los niños;
Ganar el aprecio de críticos sinceros
y soportar la traición de amigos falsos;
Apreciar la belleza;
Encontrar lo mejor de los demás;
Dejar el mundo un poco mejor, ya sea
mediante un niño sano, un trozo de jardín
o el rescate de un grupo social;
Saber que por lo menos una vida respiró
mejor por haber vivido tú;
Esto es tener éxito.

Ralph Waldo Emerson

Sé audaz... ¡quédate en la escuela!

En octavo grado fui presidente del cuerpo estudiantil de la escuela media Erwin en Asheville, Carolina del Norte. Consideré esto un verdadero honor, ya que éramos más de mil estudiantes en la escuela. Al finalizar el año se me pidió que hiciera un discurso para la ceremonia en que mi clase pasaba a la escuela secundaria. Sabía que tenía que ser algo más que sólo los breves comentarios que un estudiante normalmente daría. Nosotros somos la generación del 2000, así que quería que mi discurso fuera tan especial como nosotros.

Pasé varias noches en la cama pensando en lo que diría. Muchas cosas cruzaron por mi mente, pero ninguna involucraba a todos mis compañeros. Pero una noche me llegó. Erwin High School tenía el índice más alto de deserción de todas las escuelas medias en nuestro condado. ¿Qué mejor objetivo podríamos tener que todos y cada uno de nosotros se graduara? ¿Qué tal si pudiera hacer que mi clase fuera la primera generación en la historia de nuestro sistema escolar público en la que todos los que empezaran la preparatoria se graduaran? ¿No sería eso fabuloso?

El discurso que di el día de la graduación duró sólo 12 minutos, pero lo que ahí se inició es increíble. Cuando expuse mi desafío a mis compañeros de clase de ser la primera generación en la historia, en la que todos los que ingresáramos a la preparatoria nos graduáramos, el auditorio entero, incluyendo a padres, abuelos y maestros, explotó en aplausos. Al mostrar los símbolos y certificados individualizados que cada estudiante recibiría, pude darme cuenta de que todos estaban en verdad entusiasmados. Al terminar mi discurso el público al completo se puso de pie y empezó una ovación interminable. Me fue difícil guardar mi compostura y no estallar en llanto. No imaginaba que mi desafío produjera este tipo de respuesta.

Durante el verano, me dediqué a desarrollar un programa que llevara nuestro compromiso a la preparatoria. Hablé ante grupos y clubes de la sociedad civil y hablé con algunos de mis compañeros. Expliqué al director de nuestra preparatoria que quería empezar una "Patrulla contra la deserción", formada por estudiantes que estuvieran dispuestos a ayudar y a respaldar a otros estudiantes en momentos difíciles. Le dije que quería diseñar una camiseta especial que identificara a los miembros de nuestra clase y que las venderíamos para ganar dinero para editar un directorio de la clase. También le expliqué que pensaba que sería conveniente que pudiéramos tener algún tipo de festejo para celebrar si conseguíamos que durante todo un semestre no desapareciera nadie.

"Te ofrezco algo mejor que eso", me respondió. "Yo daré una fiesta a tu clase al final de cada periodo de calificación si ninguno desaparece." Eso era magnífico porque cada periodo de calificaciones duraba sólo seis semanas, esto es, sólo treinta días de clases. El plan comenzaba a tomar forma.

Durante el semestre se empezó a hablar de nuestro

desafío. Yo aparecí en la radio y televisión locales, el periódico me pidió que escribiera en la columna de invitados y empezaron a llegar llamadas telefónicas de todos lados. Un día recibí la llamada de CBS News de Nueva York. Uno de sus investigadores había encontrado mi artículo en el periódico y estaban interesados en que apareciera nuestra clase en su programa *48 Hours*. Ken Hamblin, el Vengador Negro de la radio nacional, habló de nosotros en su publicación de agosto de 1996, *Ken Hamblin Talks with America*. Me invitó a aparecer en su programa y hablarle al país de nuestro compromiso. Todo esto era sorprendente porque yo les había dicho a mis compañeros que podríamos llegar a ser la clase más famosa de Estados Unidos si todos nos llegábamos a graduar. Apenas empezábamos y ya estábamos recibiendo la atención de toda la nación.

Al escribir esta historia, nuestro viaje apenas empieza. Ya tenemos las primeras doce semanas de escuela a nuestras espaldas. Las muestras de nuestro compromiso cuelgan en el pasillo de la escuela frente a la oficina del director. Al otro lado está una caja grande de vidrio donde montamos una lámina de metal con un enorme reloj de arena pintado. En la parte superior del reloj de arena hay una pequeña ficha magnética por cada día que nos queda en la preparatoria. Hemos nombrado a un comité de miembros de la "Patrulla contra la deserción" para que esté pendiente del reloj de arena. Todos los días transfieren una ficha de la parte superior a la inferior. Esto nos permite verificar nuestro progreso de tal forma que toda la clase lo puede observar. Empezamos con 720 fichas en la parte superior, y ahora 60 han pasado a la inferior y nos hemos ganado nuestra segunda fiesta. Es divertido ver cómo se mueven las fichas.

Apenas estamos iniciando un difícil viaje de cuatro años, pero ya logramos un gran impacto. El año anterior, al final del segundo periodo de calificaciones, trece muchachos de primer año ya habían desertado. En lo que va de este año, ni una sola persona de las que firmó el compromiso ha desertado, y la "Patrulla contra la deserción" es el grupo organizado más grande de la escuela.

Las empresas están viendo lo que un programa dirigido únicamente por muchachos puede hacer, y nos están dando su apoyo. Tenemos bancos, agencias de autos, mueblerías, restaurantes y otros donde obtenemos descuento para la familia entera cuando mostramos nuestra tarjeta de identificación de la "Patrulla". Otros están donando bonos de ahorro de Estados Unidos y mercancía que usamos para premiar a los muchachos que apoyan nuestro programa.

A la "Clase Comprometida del 2000" de Erwin High le gustaría animar a tu clase para que inicien un programa similar. ¿No sería fantástico que la generación completa del 2000, a lo largo de todo el país, tuviese un índice de graduados del 100 por ciento? ¿Quién sabe? ¡Tal vez sea posible!

Jason Summey, 15 años

Valor en acción

Hace un par de años fui testigo de un enorme valor que me hizo estremecer.

En una asamblea con alumnos de secundaria, hablé de cómo se critica y atormenta a las personas y de cómo todos tenemos la habilidad de defender a alguien en lugar de humillarlo. Después, durante algunos minutos, cualquiera podía bajar de las gradas y hablar al micrófono. Los estudiantes podían darle las gracias a las personas que les hubiesen ayudado y algunos pasaron e hicieron exactamente eso. Una muchacha dio las gracias a algunos amigos que la ayudaron a superar problemas familiares. Un muchacho habló de algunas personas que lo ayudaron en momentos emocionalmente difíciles.

Entonces se levantó una muchacha del último año escolar. Se dirigió al micrófono, apuntó a la sección de segundo año y desafió a toda la escuela. "Dejemos de atormentar a ese muchacho. Claro que es diferente a nosotros, pero en esto estamos juntos. En su interior no es diferente al resto de nosotros y necesita nuestra aceptación, amor, compasión y aprobación. Necesita un amigo. ¿Por qué lo fastidiamos y humillamos sin parar? Desafío a toda la escuela para que nos comportemos mejor con él y le demos una oportunidad."

Todo el tiempo que habló, yo me mantuve de espaldas a la sección donde se encontraba sentado dicho muchacho y no tenía idea de quién pudiera ser. Pero era obvio que toda la escuela lo sabía. Me sentía casi atemorizado de mirar a su sección, al pensar que el muchacho estaría sonrojado, queriendo desaparecer bajo su asiento para esconderse del mundo. Pero al mirar atrás, vi a un muchacho sonriendo de oreja a oreja. Su cuerpo entero saltaba, había levantado el puño en señal de victoria. Su lenguaje corporal decía, "Gracias, gracias. Sígueselo diciendo. Hoy me salvaste la vida".

Bill Sanders

Enciende tu luz

Aquellos que llevan la luz del sol a la vida de otros no la pueden evitar en ellos mismos.

James M. Barrie

Hace más de tres décadas fui estudiante de segundo año en una de las secundarias grandes del sur de California. El cuerpo de estudiantes de 3200 era un guiso de diferencias étnicas. El ambiente era rudo. Navajas, tubos, cadenas, nudillos de bronce y de cuando en cuando una pistola improvisada, eran algo común. No había semana en que no hubiera un pleito o ataque pandillero.

Después de un juego de fútbol americano en el otoño de 1959, dejé las gradas con mi novia. Al caminar por la acera apiñada alguien me golpeó por detrás. Al girarme, descubrí que se trataba de la banda local, todos armados con nudillos de bronce. El primer golpe del ataque inmotivado de inmediato rompió mi nariz, uno de los varios huesos que salieron rotos. Los puñetazos llegaron de todas direcciones al rodearme los 15 miembros del grupo. Más lesiones. Una conmoción cerebral. Sangrado interno. Finalmente se me practicó la cirugía. El médico me explicó que si me hubiesen dado un golpe más en la cabeza, tal vez hubiera muerto. Por fortuna no lastimaron a mi novia. Después de recuperarme, algunos de mis amigos se me acercaron y me dijeron, "Vamos por estos tipos". Así era la forma en que se "resolvían" los problemas. Después del ataque era prioritario ponerse a mano. Una parte de mí respondió, "¡Sí!". La dulzura de la venganza era una clara opción.

Pero otra parte de mí, tras una pausa, dijo no. La venganza no funciona. La historia ha mostrado claramente una y otra vez que la represalia sólo acelera e intensifica los conflictos. Necesitábamos hacer algo diferente para romper la cadena de eventos contraproducente.

Nos pusimos a trabajar con diversos grupos étnicos y creamos lo que llamamos un "Comité de la hermandad" para mejorar las relaciones raciales. Me sorprendió el interés que mostraron los estudiantes para construir un mejor futuro. No todos estuvieron de acuerdo en hacer las cosas en forma diferente. Mientras que algunos estudiantes, miembros del cuerpo docente y padres activamente se resistieron a estos intercambios culturales, cada vez más personas se unían al esfuerzo de causar un impacto positivo.

Dos años después me postulé para presidente del cuerpo estudiantil. Aunque competí contra dos amigos, uno, un héroe del fútbol americano, y el otro, popular en todo el campus, una significativa mayoría de los 3200 estudiantes se me unió en el proceso de hacer las cosas de manera diferente. No voy a presumir que los problemas raciales se resolvieron en su totalidad. Sin embargo, logramos un significativo progreso al levantar puentes entre las culturas, al aprender a hablar y a relacionarnos con diferentes grupos étnicos, al resolver diferencias sin recurrir a la violencia y al aprender a generar confianza en las circunstancias más difíciles. Es sorprendente lo que sucede cuando las personas están dispuestas a dialogar entre sí.

Ese ataque de la banda hace tantos años es, sin lugar a dudas, uno de los momentos más brutales de mi vida. Sin embargo, lo que aprendí al responder con amor en lugar de responder con odio ha sido una poderosa fuerza en mi vida. Encender nuestra luz en presencia de aquellos cuya luz es tenue es lo que consigue causar impacto.

Eric Allenbaugh

El ala rota

Naciste con alas. ¿Por qué prefieres arrastrarte por la vida?

Rumi

Hay personas que sencillamente están predestinadas al fracaso. Así es como algunos adultos piensan de los muchachos difíciles. Tal vez hayas oído el dicho, "Un pájaro con un ala rota jamás volará muy alto". Estoy seguro de que en la escuela a T. J. Ware se le hacía sentir así casi todos los días.

En secundaria, T. J. fue el alborotador más célebre de su pueblo. Los maestros literalmente se encogían cuando veían su nombre en sus listas de clase del siguiente semestre. No era muy comunicativo, no respondía a las preguntas y peleaba mucho. Para cuando llegó al último año había suspendido casi todas las materias, sin embargo, siempre había pasaba al nivel que le seguía. Los maestros no querían volverlo a tener al siguiente año. T. J. seguía adelante pero definitivamente no adelantaba.

Yo conocí a T. J. en un retiro de liderazgo de fin de semana. A todos los estudiantes de la escuela se les invitó a asistir a un entrenamiento para 'Ases', un programa diseñado para que los estudiantes se involucraran más en sus comunidades. T. J. fue uno de los 405 estudiantes inscritos. Cuando me presenté para dirigir su primer retiro, los dirigentes de la comunidad me dieron este panorama de los estudiantes que asistirían: "Hoy tenemos todo un espectro aquí representado, desde el presidente del cuerpo estudiantil hasta T. J. Ware, el muchacho con el mayor índice de arrestos en la historia del pueblo". De algún modo supe que no era yo el primero en escuchar el lado más tenebroso de T. J. a modo de presentación.

Al empezar el retiro, T. J. se quedó literalmente fuera del círculo de estudiantes, se recargó contra el muro con una mirada en el rostro de "venga, impresióname". No se unió de inmediato a los grupos de discusión, no parecía tener mucho que decir. Pero poco a poco, los juegos interactivos lo fueron acercando. El hielo se fundió totalmente cuando los grupos empezaron a hacer una lista de cosas positivas y negativas que habían sucedido en la escuela ese año. T. J. tenía algunas ideas muy claras respecto a esas situaciones. Los otros estudiantes en el grupo de T. J. recibieron con gusto sus comentarios. Repentinamente T. J. se sintió parte del grupo, y al poco tiempo se le empezó a tratar como líder. Decía cosas bastante sensatas, y todos lo escuchaban. T. J. era un muchacho inteligente con algunas ideas estupendas.

Al siguiente día, T. J. se vio muy activo en todas las sesiones. Para cuando terminó el retiro, se había unido al equipo del Proyecto para desamparados. Él sabía algo sobre pobreza, hambre y desesperanza. Los otros estudiantes del equipo quedaron impresionados con su apasionado interés, y con sus ideas. Eligieron a T. J. codirector del equipo. El presidente del consejo estudiantil recibiría instrucciones de T. J. Ware.

Cuando T. J. apareció en la escuela la mañana del lunes, eso era un alboroto. Un grupo de maestros protestaba ante el director de la escuela respecto a que se le hubiera elegido codirector. Exactamente el primer servicio que se extendía a la comunidad sería una campaña gigantesca para recolectar alimentos, organizada por el equipo del Proyecto para desamparados. Estos maestros no podían creer que el director permitiera que este crucial inicio de un prestigioso plan de acción de tres años quedara en las ineptas manos de T. J. Ware. Recordaron al director que, "Tiene un récord de arrestos tan largo como su brazo. Es muy probable que se robe la mitad de la comida". El señor Coggshall les recordó que el objetivo del programa para 'Ases' era revelar cualquier pasión positiva que tuvieran los estudiantes y reforzar su práctica hasta que se llevara a cabo un verdadero cambio. Los maestros se retiraron de la junta moviendo la cabeza en desagrado, con la firme convicción de que el fracaso sería inminente.

Dos semanas más tarde, T. J. y sus amigos dirigieron un grupo de 70 estudiantes en una campaña para recolectar alimentos. Recolectaron una cantidad récord: 2854 latas de comida en sólo dos horas. Fue suficiente para llenar los anaqueles vacíos de los centros de dos vecindarios, y los alimentos sirvieron para el sustento de familias necesitadas en el área durante 75 días. Al siguiente día el periódico local cubrió el evento con un artículo de toda una página. Ese artículo se colocó en el tablero principal de la escuela, donde todos pudieran verlo. La fotografía de T. J. estaba ahí por haber hecho algo grandioso, por dirigir una recolecta de alimentos que estableció récord. Todos los días se le recordaba lo que había hecho. Se le reconoció como líder.

T. J. empezó a aparecer en la escuela todos los días y por primera vez contestó las preguntas de los maestros. Dirigió un segundo proyecto, en el que se recolectaron

300 mantas y 1000 pares de zapatos para los asilos de desamparados. El evento que él empezó produce ahora 9000 latas de comida en un día, con lo que se cubre el 70 por ciento del alimento que se requiere en un año. T. J. nos hace recordar que un pájaro con un ala rota sólo necesita un remiendo. Pero una vez que ha sanado, puede volar más arriba que el resto. T. J. obtuvo un trabajo, se volvió productivo y en estos días vuela bastante bien.

Jim Hullihan

8

¡LUCHA POR LO QUE QUIERES!

Tener un sueño no es una estupidez, Norm.
No tener un sueño sí es una estupidez.

Cliff Clavin, Cheers

Volveré a jugar

*Aunque el mundo está lleno de sufrimiento,
también está lleno de vencerlo una y otra vez.*

Helen Keller

Linda y Bob Samele se prepararon, se acercaban a la puerta del cuarto de hospital. *Tranquila,* se dijo Linda a sí misma al tomar el picaporte. *No querrás mortificarlo más de lo que ya está.*

Esa tarde de aguanieve del 23 de diciembre de 1988, su hijo de 15 años, Chris, viajaba con cinco amigos de Torrington, Connecticut, donde vivían los Samele, a la cercana Waterbury. De pronto, las risas de los adolescentes se volvieron gritos al derrapar su auto en el hielo y chocar en el contracarril. Tres de los muchachos, incluyendo a Chris, salieron volando por la ventana posterior. Uno murió al instante y otro quedó seriamente lesionado.

A Chris se le encontró sentado en medio de la carretera, mirando aturdido un torrente de sangre que brotaba a borbollones de su muslo izquierdo. A unos 6 metros de distancia yacía su pierna izquierda, cercenada desde la rodilla por un cable del contracarril. Se le transportó de inmediato al hospital de Waterbury para una intervención. Sus padres tuvieron que esperar unas siete horas para verlo.

A Linda se le llenaron los ojos de lágrimas al ver a su hijo en la cama del hospital. Bob, cartero en Torrington, tomó la mano de Chris. "Papá, perdí la pierna", dijo apacible el joven a su padre. Bob asintió con la cabeza y le apretó más la mano. Después de un breve silencio, Chris añadió, "¿Qué va a suceder con mi carrera de baloncesto?".

Bob Samele luchó para controlar sus emociones. Este deporte había sido la pasión de Chris desde temprana edad y ya se estaba transformando en una leyenda local. La temporada anterior, como estudiante de octavo grado en St. Peter's, alcanzó un promedio extraordinario de 41 puntos. Ahora que estaba en primer año de secundaria en Torrington High, Chris había anotado un total de 62 puntos en dos juegos escolares. "Algún día jugaré en Notre Dame frente a miles de personas", solía decir Chris a sus padres con una gran sonrisa. "Y ustedes estarán ahí para verme."

Mirando ahí a su hijo incapacitado, Bob Samele buscó las palabras adecuadas. "Bueno, Chris, ya sabes", declaró finalmente, "hay un montón de gente en la sala de espera, incluso el entrenador Martin".

El rostro de Chris se iluminó. Después, con voz determinada indicó, "Papá, dile a mi entrenador que regresaré para la siguiente temporada. Volveré a jugar baloncesto".

En siete días Chris pasó por tres intervenciones más en la pierna. Desde el principio, los cirujanos vieron que la mezcolanza de nervios, arterias y músculos partidos hacía imposible la reinstalación del miembro mutilado. Chris iba a necesitar una prótesis.

Durante su estancia de tres semanas y media en el hospital hubo un desfile continuo de visitantes. "No te mortifiques por mí", pedía Chris a todo aquel que le mostraba su compasión. "Estaré bien." Detrás de su fortaleza yacía una voluntad indomable forjada por una gran fe religiosa. Para muchos de sus médicos y enfermeras era algo insólito. "¿Cómo manejas todo esto, Chris?", le preguntó un día un siquiatra. "¿Has llegado a sentir en algún momento compasión por ti mismo?"

"No", respondió el muchacho, "no veo en qué me ayude eso".

"¿No sientes amargura o enojo?"

"No", declaró Chris. "Trato de ser positivo en todo."

Cuando por fin se retiró el persistente siquiatra de su habitación, Chris indicó a sus padres, "Él es quien necesita ayuda".

Chris trabajó con ahínco en el hospital para recuperar su fuerza y coordinación. Cuando se sintió con suficientes fuerzas, se dedicó a lanzar un balón a través de un aro que un amigo instaló en la pared junto a su cama. Su terapia, bastante severa, incluía ejercicios de la parte superior del cuerpo para el uso de muletas y cierto entrenamiento para mejorar el equilibrio.

A las dos semanas de estar en el hospital, los Samele se aventuraron con una terapia adicional, esto es, llevaron a Chris en silla de ruedas a un juego de baloncesto de Torrington High. "No lo vayan a perder de vista", advirtieron las enfermeras, preocupadas por su reacción.

El muchacho iba en absoluto silencio mientras entraba en silla de ruedas al ruidoso gimnasio. Sin embargo, al pasar frente a las gradas, amigos y compañeros de equipo empezaron a gritar su nombre y a saludarlo. Entonces Frank McGowan, el director adjunto de Torrington High, anunció por el sistema de sonido: "Esta noche tenemos aquí a un amigo muy especial. ¡Por favor, démosle todos la bienvenida a Chris Samele!".

Asombrado, Chris miró a su alrededor y vio que las 900 personas en el gimnasio se habían puesto de pie para vitorearlo y aplaudirle. Las lágrimas aparecieron en los ojos del muchacho. Fue una noche que jamás olvidaría. El 18 de enero de 1989, a menos de un mes del accidente, Chris pudo regresar a casa. Para mantener su nivel escolar, todas las tardes lo visitaba un tutor. Cuando no estaba estudiando, estaba siendo conducido de regreso al hospital de Waterbury para más terapia. El dolor físico, a veces abrasador, era parte de su vida diaria. En ocasiones, mientras veía televisión con sus padres, se balanceaba hacia atrás y hacia adelante en reacción silenciosa al dolor que le irradiaba desde el muñón.

Una fría tarde luchó Chris con sus muletas y cojeó hasta la vieja cochera donde aprendió a tirar. Dejó a un lado las muletas, tomó un balón y miró alrededor para asegurarse de que nadie lo veía. Finalmente, saltando sobre su pierna derecha, empezó a lanzar el balón al aro. Varias veces perdió el equilibrio y se cayó. Pero cada vez se levantaba, saltaba para recuperar el balón y continuaba tirando. Después de 15 minutos quedó exhausto. *Esto me va a llevar más tiempo del que pensé*, se dijo a sí mismo, al empezar a caminar despacio de regreso a la casa.

El 25 de marzo, un viernes Santo, Chris recibió su primera prótesis. Emocionado con su nuevo miembro, preguntó a Ed Skewes, director del departamento protésico y de ortopedia del hospital, si esto significaba que podía empezar a jugar baloncesto de inmediato. Sorprendido al ver la seriedad de Chris, Skewes respondió, "Tomemos esto con calma, ¿sí?". El médico sabía que una persona necesita por lo general cerca de un año para caminar cómodo con una prótesis, ya no digamos hacer deporte.

En casa, en el sótano, Chris pasaba horas enteras aprendiendo a caminar con su pierna artificial. Por difícil que fuera tirar canastillas en una pierna, le pareció todavía más difícil con la prótesis. La mayoría de sus tiros se desviaban drásticamente, y él se estrellaba con frecuencia contra el piso.

En los momentos en que se sentía más confundido, Chris recordaba una conversación con su mamá. Después de un día bastante desalentador, le preguntó si de verdad pensaba que alguna vez volvería a jugar. "Ahora tendrás que esforzarte todavía más en el baloncesto", respondió. "Pero sí, sí creo que puedas." Ella tenía razón, él lo sabía. Todo se resumía a trabajar con empeño y a no darse por vencido.

Chris regresó a Torrington High a principios de abril y de inmediato volvió a formar parte de la pandilla, excepto en la cancha de baloncesto. Después de la escuela, los amigos de Chris jugaban en una cancha al aire libre. Durante varias semanas los observó desde afuera de la cancha cómo pasaban volando. Después, una tarde a principios de mayo, salió con su atuendo deportivo. Sus sorprendidos compañeros se hicieron a un lado al verlo llegar tan dispuesto a la cancha.

Al principio Chris empezó a tirar desde fuera y cada vez que el balón pasaba silbando por la red, sentía una gran emoción. Pero cuando trataba de arrear, saltando hacia la canastilla, o brincaba por un rebote, se caía al suelo. "¡Anda, Chris, tú puedes!", le gritaban sus amigos. Pero Chris sabía la verdad, no podía hacerlo, por lo menos no como antes.

En un juego durante un torneo de verano, saltó por un rebote con tanta fuerza, que rompió el pie de la prótesis. Al ir saltando fuera de la cancha, pensó, *Tal vez sólo me estoy engañando a mí mismo. Tal vez ya no sirvo para esto.*

Por último se dijo a sí mismo que sólo había una cosa más por hacer, esforzarse todavía más. Así que empezó un régimen diario de tiros, fintas y levantamiento de pesas. Después de cada entrenamiento se quitaba con cuidado la pierna artificial y cuatro calcetines gruesos que usaba en el muñón para amortiguar la prótesis. Entonces se daba una ducha, pero al frotarse jabón en las ampollas, todavía se quejaba. Al poco tiempo se mitigó el dolor ante la sensación de que estaba viendo ráfagas de su antiguo yo. *Lo voy a lograr, y no el próximo año. ¡Este año!*

El lunes después de Día de Acción de Gracias, Bob Anzellotti, principal entrenador de un equipo suplente, reunió al grupo de muchachos, todos nerviosos y a la expectativa, que competían para ganar un lugar en el equipo suplente de baloncesto juvenil de Torrington High. Sus ojos se detuvieron en Chris Samele.

Durante los dos días de pruebas de aptitud, nadie se esforzó tanto como Chris. Se escurría entre los defensas, se lanzaba tras bolas perdidas, hacía lo que fuera para mostrarle a cualquiera que todavía podía jugar. Incluso todos los días corrió diez vueltas alrededor del gimnasio con los demás, más despacio que ellos, pero nunca se quedó sin terminar.

La mañana después de la última práctica, Chris se unió a la embestida de muchachos para ver el registro. *Hiciste todo lo que pudiste*, se dijo a sí mismo mientras escudriñaba la lista sobre los hombros de los demás. Y ahí estaba, *Samele. ¡Estaba de regreso en el equipo!*

Más tarde esa misma semana, el entrenador Anzellotti reunió a sus jugadores para una junta de equipo. "El equipo de cada año tiene su propio capitán, al que se selecciona por el ejemplo que da. El capitán de este año será. . . Chris Samele." Los jugadores estallaron en vítores.

Durante la noche del 15 de diciembre, faltando sólo ocho días para que se cumpliera el año desde el accidente, 250 personas se colocaron en sus asientos para ver el juego que llevaría de regreso a Chris a la cancha de baloncesto.

En los vestidores, la mano de Chris tembló un poco al ponerse su jersey rojo oscuro. "Vas a estar bien, Chris", lo animó el entrenador Anzellotti. "Nada más no esperes demasiado la primera noche." Chris asintió con la cabeza. "Lo sé", respondió apacible. "Gracias."

Al poco rato se le vio corriendo con sus compañeros de equipo en la cancha como práctica antes del juego. Casi todos en las gradas se pusieron de pie para vitorearlo. Conmovidos al ver a su hijo en el uniforme de Torrington High una vez más, Linda y Bob lucharon por reprimir las lágrimas. *Dios mío,* Linda rezó en silencio, *por favor, no lo dejes quedar mal.*

A pesar de sus esfuerzos para tranquilizarse, Chris llevó su nerviosismo a la cancha. Durante el calentamiento, la mayoría de sus tiros rebotaron fuera del aro. "Tranquilo, relájate", le susurraba el entrenador Anzellotti. "No te aceleres."

Cuando los jugadores finalmente salieron al centro de la cancha para adoptar sus posiciones, Chris empezó en posición de guardia. Con el salto del balón de inicio, Chris empezó un juego torpe y desagradable. Logró mantener el nivel, pero sus movimientos eran desiguales, sin ritmo. Varias veces que tiró el balón, ni siquiera consiguió tocar el aro de la canastilla. Por lo general, cuando sucede esto, los muchachos en las gradas se mofan y gritan, "¡Bola al aire! ¡Bola al aire!". En esta ocasión hubo silencio.

Después de jugar ocho minutos se le concedió un buen descanso a Chris. Faltando dos minutos del medio tiempo regresó. *Anda, Chris,* se dijo a sí mismo, *para esto es para lo que te esforzaste. Muéstrales que puedes.* Segundos después se deslizó a seis metros de la canastilla y un compañero de equipo le lanzó súbitamente un pase. Era una jugada difícil para cualquiera, un tiro largo de tres puntos. Sin titubeos, Chris se plantó y lanzó un tiro alto y curvo. El balón viajó majestuoso hasta el aro y silbó al pasar limpio por la red.

El gimnasio estalló en gritos y vítores. "Así se hace, Chris", gritó Bob Samele, la voz entrecortada por la emoción.

Un minuto después, Chris atrapó un rebote entre una maraña de brazos. Abriéndose paso a empujones, lanzó el balón contra el tablero. Una vez más, el efecto lo deslizó por la canastilla. Y una vez más explotaron los vítores. Para entonces, las lágrimas fluían por el rostro de Linda Samele mientras miraba a su hijo correr saltando por la cancha con el puño levantado en señal de triunfo. *Lo lograste*, Chris, se repetía a sí misma. *Lo lograste.* Chris seguía maravilloso, para deleite de la multitud. Sólo una vez perdió el equilibrio y se cayó. Cuando sonó la chicharra final, había anotado 11 puntos, y Torrington había ganado.

En casa esa noche, Chris sonrió de oreja a oreja. "Lo hice bien, papá, ¿no es cierto?"

"Lo hiciste fantástico", respondió Bob, dando a su hijo un fuerte abrazo.

Después de conversar un poco sobre el juego, Chris, todavía alegre, se dirigió a las escaleras rumbo a su habitación. En su mente, sus padres lo sabían, esta noche era sólo el inicio.

Al apagar Linda las luces, recordó una tarde, al poco tiempo del accidente, cuando conducía a su hijo de regreso a casa de la terapia. Chris iba callado mirando por la ventana cuando de pronto rompió el silencio. "Mamá, creo que ya sé por qué me sucedió esto." Sorprendida, preguntó Linda, "¿Por qué, Chris?".

Sin dejar de mirar hacia afuera, Chris simplemente exclamó, "Dios sabía que yo podría manejarlo. Me salvó la vida porque sabía que yo lo podría manejar".

Jack Cavanaugh

[NOTA DEL EDITOR: *Samele llegó a ser una figura en el equipo de baloncesto de Torrington High School durante la secundaria y preparatoria. Chris también jugó individual y dobles en tenis con el equipo de la escuela. Ha jugado en el equipo de tenis universitario en Western New England College en Springfield, Massachusetts, y ha jugado baloncesto de sala en Western New England y en ligas de verano en el área de Torrington. Samele espera ser entrenador de baloncesto.*]

Tan sólo yo mismo

Desde que era yo chico sabía que era excelente
porque todos me decían, "Tú lo conseguirás, sólo espera".
Pero nunca me dijeron lo excelente que sería
si algún día jugaba a ser superior a mí.

En el traspatio soy el rey del balón.
Que silbe el balón por la canastilla, no me hace sudar.
Pero de pronto me acosa un hombre
que no parece comprender que soy el rey del lugar.

Así que me invade la presión; corro con el balón.
Mis pases podrían traspasar la pared.
Mi salto no sirve, mis arreos no son seguros.
Mi mano no es firme, mi vista no es pura.

La culpa es de mis compañeros que no comprenden.
La culpa es de mis entrenadores, qué plan tan terrible.
La culpa es de la decisión de ese árbitro ciego.
La culpa no es mía; yo soy el mejor, tú sabes.

Por fin comprendí cuando empecé a ver
que el rostro en el espejo era igual al mío.
Que no era a mis compañeros a quienes se les caía el
    balón,
y que no era mi entrenador quien cometía las torpezas.

Ese rostro en el espejo que aparentaba ser excelente
tenía la posibilidad de mejorar en lugar de sólo odiar.
Así que dejé de culpar a los demás y empecé a madurar.
Mi juego mejoró mucho y se empezó a notar.

Y ninguno de mi equipo resultó tan malo.
Y aprendí a depender de mis buenos amigos.
Ahora me agrado más desde que empecé a ver
que era yo inferior al sentirme superior.
Que estoy mucho mejor si soy tan sólo yo mismo.

Tom Krause

Los sepultureros de
Parkview Junior High

La gente siempre culpa a las circunstancias por lo que es. Yo no creo en circunstancias. La gente a la que le va bien en este mundo es la gente que se levanta y busca las circunstancias que quiere, y si no las puede encontrar, las crea.

George Bernard Shaw

Las lecciones más importantes que aprendemos en la escuela van más allá de responder acertadamente las preguntas en un examen. Son las lecciones que nos cambian al mostrarnos lo que en verdad somos capaces de conseguir. Podemos, usando los instrumentos de una banda, hacer música hermosa. Podemos, usando un pincel y un lienzo, mostrarle a la gente cómo vemos nosotros el mundo. Podemos, con el esfuerzo de un equipo, vencer los obstáculos y ganar el juego. No obstante, ninguna prueba de respuesta múltiple o de falso-verdadero nos va a enseñar la lección más importante de la vida, que estamos hechos del mismo material del que están hechos los ganadores.

Al poco tiempo del estreno de la película *Jeremiah Johnson*, protagonizada por Robert Redford, nuestra clase de séptimo grado discutió la historia. Hablamos del hecho de que este rudo y tosco hombre de las montañas era asimismo amable y gentil. Discutimos su profundo amor por la naturaleza y su deseo de ser parte de ella. Nuestro maestro, el señor Robinson, nos hizo entonces una pregunta bastante singular. ¿Dónde pensábamos que estaba enterrado Jeremiah Johnson? Quedamos consternados cuando nos confesó que el lugar de descanso del gran hombre de las montañas estaba a unos 100 metros de la autopista de San Diego al sur de California.

El señor Robinson nos preguntó, "¿Piensan que esto está mal?".

"¡Sí!", todos nos hicimos oír.

"¿Consideran que se debe hacer algo para cambiarlo?", preguntó con una ligera sonrisa.

"¡Sí!", respondimos con entusiasmo nacido de nuestra juvenil inocencia.

El señor Robinson nos miró, y después de algunos minutos de silencio en suspenso, hizo una pregunta que cambiaría para siempre la manera en que algunos de nosotros veíamos la vida. "Bueno, ¿creen que ustedes podrían hacerlo?"

"¿Nosotros?"

¿De qué hablaba? Nosotros éramos sólo un montón de muchachos. ¿Qué podíamos hacer nosotros?

"Hay una forma", prosiguió. "Es un camino con muchos desafíos y quizás algunas desilusiones. . . pero sí hay una forma." Después dijo que nos ayudaría pero sólo si prometíamos trabajar duro y jurábamos no rendirnos jamás.

Al aceptar, poco sabíamos que estábamos iniciando el viaje más aventurero de nuestras vidas hasta entonces.

Empezamos por escribir cartas a todos los que pensábamos que nos podrían ayudar, esto es, a representantes federales, estatales y locales, a los dueños del cementerio, incluso a Robert Redford. Al poco tiempo empezamos a recibir respuestas que agradecían el interés de nuestra clase, pero que "no había absolutamente nada que se pudiera hacer". Muchos se habrían dado por vencidos en ese momento. De no haber sido por nuestra promesa al señor Robinson de no ceder, nos habríamos dado por vencidos. Por el contrario, seguimos escribiendo.

Decidimos que necesitábamos que más gente conociera nuestro sueño, así que nos pusimos en contacto con la prensa. Finalmente un reportero de *Los Angeles Times* vino a nuestra clase y nos entrevistó. Le manifestamos lo que tratábamos de hacer y que era desalentador que a nadie pareciera importarle. Esperábamos que nuestra historia generara interés público.

"¿Se llegó a poner Robert Redford en contacto con ustedes?", preguntó el reportero.

"No", respondimos.

A los dos días nuestra historia cubría la primera página del periódico, explicaba cómo trataba nuestra clase de corregir una injusticia contra una leyenda norteamericana, y que nadie nos quería ayudar, ni siquiera Robert Redford. Junto al artículo aparecía una fotografía de Robert Redford. Ese mismo día, sentados en el salón de clases, de la oficina llamaron al señor Robinson para que fuera a recibir una llamada telefónica. Regresó con un destello en el rostro como nunca antes le habíamos visto. "¡Adivinen quién estaba al teléfono!"

Robert Redford había llamado y dicho que recibía todos los días cientos de cartas y que la nuestra de algún modo jamás le había llegado, pero que estaba muy interesado en ayudarnos a conseguir nuestro objetivo. De pronto nuestro equipo no sólo crecía, sino que se volvía más influyente y poderoso.

A los pocos meses, después de protocolizar todos los documentos correspondientes, nuestro maestro y algunos estudiantes fueron al cementerio a observar la remoción de los restos. Jeremiah Johnson había sido enterrado en un ataúd de madera viejo que había quedado reducido a algunas tablas podridas, y no quedaba nada del montañés más que algunos huesos. Los sepultureros reunieron todo con cuidado y lo colocaron en un nuevo ataúd.

Unos días después, en un rancho de Wyoming se realizó una ceremonia en memoria de Jeremiah Johnson, y sus restos recibieron el descanso final en la naturaleza que tanto había amado. Robert Redford fue uno de los portadores del féretro.

Desde entonces, a nuestra clase se le conoció en toda la escuela como los "Sepultureros", pero nosotros preferimos considerarnos los "Elevadores de sueños". Lo que aprendimos ese año no fue sólo a escribir cartas eficaces o cómo funciona nuestro gobierno, ni siquiera por lo que uno tiene que pasar para realizar algo tan sencillo como un cambio de sepultura. La lección fue que nada puede contra la tenacidad. Un montón de muchachos en los primeros años de nuestra adolescencia habían logrado un cambio.

Aprendimos que estábamos hechos del mismo material del que están hechos los ganadores.

Kif Anderson

El muchacho que conversaba con los delfines

De lo que recibimos podemos ganarnos la vida, sin embargo, lo que damos, es vida.

Arthur Ashe

Empezó como un rugido profundo, que destrozó el silencio previo al amanecer. En cosa de minutos, esa mañana de enero de 1994, el área de Los Angeles estaba entre las garras de uno de los más destructores terremotos de su historia.

En el parque de diversiones Six Flags Magic Mountain, 32 kilómetros al norte de la ciudad, tres delfines se encontraban solos con su terror. Nadaban desesperados en círculos mientras pesados pilares de hormigón caían alrededor de su piscina y tejas de techo se estrellaban contra el agua.

64 Kilómetros al sur, Jeff Siegel, de 26 años, salió expulsado de su cama con un porrazo estremecedor. Arrastrándose hasta la ventana, Jeff miró la ciudad convulsionada y pensó en las criaturas que le importaban

más que nada en el mundo. *Tengo que llegar hasta los delfines,* se dijo a sí mismo. *Ellos me salvaron, y ahora yo tengo que salvarlos.*

Para quienes conocieron a Jeff de niño, no había héroe más inverosímil.

Jeff Siegel fue niño hiperactivo, parcialmente sordo y sin una coordinación normal. Como no oía las palabras con claridad, desarrolló un severo impedimento del lenguaje que hacía casi imposible el que los demás lo entendieran. En preescolar, los demás niños ridiculizaban al pequeño de cabellos color arena llamándolo "retardado".

Incluso en su hogar no se sentía protegido. La mamá de Jeff no estaba preparada para lidiar con sus problemas. Educada en un hogar rígido y autoritario, era demasiado estricta y solía enojarse por las diferencias de su hijo. Lo único que quería es que su hijo se adaptara. Su padre, oficial de policía en su comunidad de clase media de Torrance, en Los Angeles, hacía trabajos extra para salir adelante, por lo que solía ausentarse 16 horas al día.

Angustiado y temeroso el primer día de jardín de niños, el pequeño Jeff de 5 años saltó la cerca del patio de la escuela y corrió a casa. Furiosa, su madre lo arrastró de regreso a la escuela y lo obligó a disculparse con la maestra. La clase entera alcanzó a escuchar. Al salir de su boca las palabras, apenas comprensibles y mal pronunciadas, fue presa inmediata de sus compañeros de clase. Para defenderse del mundo hostil, Jeff se resguardaba en rincones aislados del patio de juego, y en casa se escondía en su habitación, soñando en un lugar donde se sintiera aceptado.

Entonces un día, a los 9 años, Jeff fue con su clase de cuarto grado al parque Marineland de Los Angeles. En el espectáculo de los delfines se sintió extasiado por la energía y exuberante amistad de los hermosos animales.

Parecía que le sonreían directamente a él, algo que sucedía muy rara vez en su vida. El muchacho se quedó inmóvil, inundado de emoción y un gran anhelo de quedarse.

Al terminar ese año escolar, los maestros de Jeff lo catalogaron emocionalmente desequilibrado e incapacitado para el estudio. Pero las pruebas en el Centro Switzer para niños impedidos, mostraban que Jeff era de normal a brillante, sin embargo, tan dominado por la angustia, que en su puntuación de la prueba de matemáticas apareció en los límites de retrasado. Se le transfirió de la escuela pública al Centro. Durante los siguientes dos años sintió menos angustia y sus logros académicos mejoraron en forma extraordinaria.

Para el séptimo grado regresó, de mala gana, a la escuela pública. Las pruebas mostraban ahora que su coeficiente intelectual estaba en los 130, el margen de los dotados. Y los años de terapia habían mejorado su dicción. Pero para sus compañeros de clase, Jeff seguía siendo la misma víctima.

El séptimo grado se iba desarrollando como el peor año de la vida de Jeff, hasta el día en que su padre lo llevó a Sea World, en San Diego. Al instante en que el muchacho vio a los delfines, le brotó aquella misma alegría. Se quedó inmóvil al momento en que los elegantes mamíferos pasaron deslizándose frente a él.

Jeff trabajó para ganar dinero y se compró un pase anual al Marineland, más cercano a su hogar. En su primera visita solo, se sentó en el borde alrededor de la piscina de los delfines. Los delfines, acostumbrados a que los visitantes les echaran comida, de inmediato se acercaron al muchacho asombrado. La primera en llegar fue Grid Eye, la hembra dominante en la piscina. La delfín de 325 kilos se deslizó hasta donde Jeff se encontraba sentado y permaneció inmóvil abajo de él. *¿Me dejará tocarla?*

se preguntó, y colocó su mano en el agua. Al acariciar la suave piel de la delfín, Grid Eye se acercó más. Fue un momento de éxtasis puro para el muchacho.

Los sociables animales pronto se transformaron en los amigos que Jeff jamás había tenido, y como el área de los delfines se encontraba aislada en el extremo más lejano de Marineland, Jeff a menudo se encontraba solo con las juguetonas criaturas.

Un día Sharky, una hembra joven, se deslizó hasta la superficie para colocar su cola en la mano de Jeff. Se detuvo. *¿Y ahora qué?*, se preguntó. De pronto, Sharky se sumergió unos 30 centímetros abajo de la superficie, jalando la mano y brazo de Jeff bajo el agua. Él se rió y tiró de regreso sin dejarla ir. La delfín se volvió a hundir, a más profundidad. Jeff tiró más duro. Era como un juego de tira y jala.

Cuando Sharky salió a la superficie a respirar, el muchacho y la delfín se vieron cara a cara durante un minuto, Jeff riendo y la delfín con el hocico abierto y como sonriendo. Entonces Sharky se giró y colocó su cola de nuevo en la mano de Jeff para empezar una vez más el juego.

El muchacho y los animales de 150 a 400 kilos jugaban con regularidad un juego, en el que Jeff y los delfines competían alrededor de la piscina para tocar un punto predeterminado o para darse la mano y la aleta el uno al otro. Para Jeff, los juegos eran una conexión mágica que sólo él compartía con los animales.

Aunque en verano se reunían grupos hasta de 500 personas alrededor de la piscina, las sociables criaturas reconocían a su amigo y nadaban hacia él cada vez que culebreaba su mano en el agua. La aceptación que los delfines mostraban por Jeff aumentó su confianza en sí mismo y poco a poco fue emergiendo de su oscura concha. Se inscribió en un curso en un acuario cercano y devoró todos los libros que le caían sobre biología marina.

Se transformó en una enciclopedia andante sobre delfines y, para sorpresa de su familia, afrontó su impedimento de dicción y se ofreció como guía voluntario para los visitantes.

En 1983, Jeff escribió un artículo para el boletín de noticias de la Sociedad Cetácea Norteamericana, en el que describió su experiencia con los delfines de Marineland. No estaba preparado para lo que seguiría. Desconcertados por la magnitud a la que había llegado a jugar con los delfines sin conocimiento del parque, la administración de Marineland revocó su pase. Jeff regresó a casa pasmado e incrédulo.

Por su parte, los padres de Jeff se sintieron aliviados. No veían qué beneficio podría obtener su inadaptado y extraño hijo con todo el tiempo que dedicaba a los delfines, hasta un día de junio de 1984, en que Bonnie Siegel aceptó una inesperada llamada telefónica de larga distancia. Esa noche preguntó a su hijo, "¿Participaste en algún tipo de concurso?".

Tímido, Jeff confesó que había escrito un ensayo para una beca sumamente codiciada de Earthwatch de más de 2000 dólares. El ganador pasaría un mes en Hawaii con expertos en delfines. Ahora que le había confesado esto a su mamá, esperaba una perorata. Sin embargo, contestó tranquila, "Bueno, ganaste".

Jeff se emocionó. Lo mejor de todo es que era la primera vez que sus padres comprendían que podía alcanzar su sueño de algún día compartir su amor por los delfines.

Jeff pasó el mes en Hawaii, enseñando series de órdenes a los delfines para probar su memoria. En el otoño satisfizo otra condición de la beca, esto es, dio una charla sobre mamíferos marinos a sus compañeros de la secundaria de Torrance. El informe de Jeff fue tan entusiasta que le ganó, por fin, un envidiable respeto por parte de sus camaradas.

Después de graduarse, Jeff luchó por encontrar trabajo

en la investigación marina y complementó la baja paga con otro empleo. Asimismo ganó un grado adjunto en biología.

En febrero de 1992 se presentó en la oficina de Suzanne Fortier, directora del entrenamiento de animales marinos en Six Flags Magic Mountain. Aunque ya tenía dos trabajos, quería hacer trabajo voluntario con los delfines de Magic Mountain en sus días libres. Fortier le dio la oportunidad y de inmediato se sorprendió. De los 200 voluntarios que había entrenado en 10 años, nunca había visto a alguien con la habilidad intuitiva de Jeff con los delfines.

En una ocasión, su equipo necesitó trasladar a un delfín enfermo de 300 kilos, de nombre Thunder, a otro parque. El animal tuvo que ser transportado en un tanque de aproximadamente uno por tres metros. Durante el viaje, Jeff insistió en viajar atrás junto al tanque de Thunder para calmar al angustiado animal. Cuando Fortier llamó más tarde desde la cabina del camión para saber cómo estaba Thunder, Jeff respondió, "Ahora está bien, lo estoy acunando". *¡Jeff está dentro del tanque con Thunder!*, comprendió Fortier. Durante cuatro horas Jeff flotó dentro del frío tanque para sostener a Thunder entre sus brazos.

Jeff siguió sorprendiendo a sus compañeros de trabajo por su comunicación con los animales. Su delfín favorito en Magic Mountain era Katie, de 8 años de edad y de 175 kilos de peso, quien cada vez que lo saludaba mostraba gran entusiasmo y nadaba con él por horas.

Una vez más, como en Marineland, Jeff pudo comunicar con los delfines y recibir a cambio su afecto. Poco sabía de lo severo que se vería probado su amor.

Mientras Jeff luchaba por llegar a Magic Mountain la mañana del terremoto, las autopistas se desplomaban y caminos hundidos lo forzaban de continuo a retroceder. *Nada me va a detener*, prometió.

Cuando Jeff llegó al fin a Magic Mountain, el agua en la

piscina de unos 3½ metros de profundidad había bajado a casi la mitad, y se seguía escurriendo por una grieta en uno de los costados. Los tres delfines que estaban ahí cuando azotó el terremoto, Wally, Teri y Katie, estaban como locos. Jeff bajó a una saliente a metro y medio y trató de calmarlos.

Para tranquilizar a los delfines durante los continuos temblores, Jeff trató de distraerlos mediante juegos, pero no funcionó. Lo peor fue que tuvo que reducirles el alimento, ya que el sistema de filtración de la piscina se había obstruido y se estaba generando el riesgo adicional de que la acumulación de sus desperdicios corporales pudiera contaminar más el agua.

Jeff permaneció con los delfines esa noche mientras la temperatura caía a grados ínfimos. Permaneció ahí a lo largo del siguiente día y del siguiente y del siguiente.

Al cuarto día se abrió un camino y los empleados consiguieron un camión para transferir a Wally, Teri y Katie a la piscina de delfines de Knott's Berry Farm. Pero primero alguien tenía que introducirlos a sus tanques de transporte. Transportar a un delfín es un procedimiento normalmente rutinario, después de guiarlo sin peligro por un túnel y acomodarlo en un cabestrillo de lona. Pero el nivel de agua en el túnel de conexión era demasiado bajo para que los animales pudieran atravesarlo nadando. Los tres delfines tendrían que ser atrapados en agua abierta y después llevados hasta los cabestrillos de lona.

El empleado Etienne Francois y Jeff se ofrecieron como voluntarios para el trabajo. Por mucho que confiara en los delfines, Jeff sabía que había un 100 por ciento de posibilidad de que lo lastimaran o mordieran en una captura en agua abierta.

Para remover a Wally de la piscina no hubo dificultad, pero Teri y Katie estaban demasiado intranquilas. Cada vez que Jeff y Etienne se acercaban a Katie, la poderosa delfín los alejaba con su fuerte hocico puntiagudo. Unos 40 minutos lucharon contra las embestidas de Katie y los golpes con su vertiginosa cola. Al final, justo antes de colocarla en su cabestrillo, hundió sus filosos dientes en la mano de Jeff. Sin prestar atención al sangrado, Jeff ayudó a capturar a Teri y la elevó hasta su tanque de transporte.

Para cuando los delfines llegaron a Knott's Berry Farm, Katie estaba agotada pero en calma. Más tarde, Fortier comentó con sus amigos que el valor y liderazgo de Jeff habían sido esenciales para transportar a salvo a los delfines.

En la actualidad Jeff es entrenador de delfines de tiempo completo en Marine Animal Productions en Gulfport, Mississippi, donde organiza programas para escuelas.

Un día, antes de partir para Mississippi, Jeff hizo una demostración para 60 niños del Centro Switzer en uno de los acuarios donde había sido maestro. Vio que un muchacho de nombre Larry se separaba para jugar solo. Al comprender que Larry era un paria, como él había sido, Jeff le pidió que pasara adelante y que se colocara a su lado. Entonces Jeff sumergió sus brazos en un tanque próximo y atrajo a un inofensivo pero impresionante tiburón de cuerno de casi un metro. Mientras los niños estaban boquiabiertos, Jeff permitió que Larry paseara orgulloso a la criatura mojada alrededor del salón.

Después de la sesión, Jeff recibió una carta que decía: "Gracias por el magnífico trabajo que realizó con nuestros niños. Regresaron resplandeciendo por la experiencia. Algunos me comentaron que Larry paseó al tiburón. Tal vez este haya sido el momento más feliz y estimulante de su vida. Además del hecho de que usted también fue alguna vez estudiante aquí. Usted es un modelo que les da esperanzas de que ellos también pueden tener éxito en la vida". La carta provenía de Janet Switzer, fundadora del Centro.

Para Jeff, esa tarde le produjo un momento todavía más gratificante. Al estar hablando, vio a su madre y a su padre entre el público, observando atentos. Por la mirada en sus rostros, Jeff supo que por fin se sentían orgullosos de su hijo.

Jeff jamás en la vida ha ganado más de 14.800 dólares al año, sin embargo se considera un hombre rico y con una suerte excepcional. "Me siento completamente satisfecho", afirma. "Los delfines hicieron mucho por mí cuando era yo niño, me dieron su amor incondicional. Cuando pienso en lo que debo a los delfines . . ." Su voz se apaga por un instante y sonríe. "Me dieron vida. A ellos les debo todo."

Paula McDonald

Una carrera para alcanzar mi sueño

Era la competencia regional de atletismo, para la que habíamos estado entrenando toda la temporada. Mi pie todavía no sanaba de una lesión que había sufrido. De hecho, no sabía si asistir o no a la competencia. Pero ahí estaba, preparándome para la carrera de 3200 metros.

"Preparados. . . listos. . ." Se oyó el disparo y corrimos. Las otras muchachas salieron volando delante de mí. Comprendí que estaba cojeando y me sentí humillada al ver que cada vez me quedaba más rezagada.

La corredora en primer lugar me llevaba dos vueltas de ventaja cuando cruzó la meta. "¡Hurra!", gritó la multitud. Fueron los vítores más fuertes que jamás haya yo escuchado en una competencia.

"Tal vez debería retirarme", pensé, mientras seguía cojeando. "Toda esta gente no querrá esperar a que yo termine la carrera." Sin embargo, decidí seguir adelante. Corrí con mucho dolor las dos últimas vueltas, por lo que decidí no competir en pista al siguiente año. No valía la pena, aunque sanara mi pie. Jamás podría vencer a la muchacha que me ganó por dos vueltas.

Cuando terminé, escuché vítores, con tanto entusiasmo

como los que escuché cuando la primera muchacha traspasó la línea de meta. "¿De qué se trataba todo eso?", me pregunté. Me di la media vuelta y claro, los muchachos se estaban preparando para su carrera. "Eso debe de ser, están vitoreando a los muchachos."

Me fui directo a los vestidores donde me tropecé contra una muchacha. "¡Excelente! Mira que tienes valor", me animó.

Pensé, "¿Valor? Me debe estar confundiendo. Yo acabo de perder la carrera".

"Yo jamás habría podido terminar esos tres kilómetros. Me habría retirado en la primera vuelta. ¿Qué te pasó en el pie? Te estuvimos vitoreando, ¿nos oíste?"

No lo podía creer. Una desconocida me había estado vitoreando, no porque quisiera que yo ganara, sino porque quería que siguiera adelante y no me diera por vencida. En ese momento recuperé la esperanza y decidí competir en pista al siguiente año. Una muchacha acababa de salvar mi sueño.

Ese día aprendí dos cosas:

Primero, mostrar un poco de amabilidad y confianza a la gente puede causar un gran impacto.

Segundo, la fuerza y el valor no siempre se miden en medallas y victorias; se miden en las luchas que superamos. Las personas más fuertes no siempre son las que ganan, sino las que no se dan por vencidas cuando pierden.

Sólo sueño que algún día, tal vez en mi último año escolar, pueda ganar la carrera con vítores tan fabulosos como los que recibí cuando perdí la carrera en primer año.

Ashley Hodgeson

De las muletas a corredor de categoría mundial

Hace algunos años en Elkhart, Kansas, dos hermanos trabajaban en una escuela de la localidad. Su trabajo consistía en encender el fuego temprano por la mañana en la estufa barrigona del salón de clases.

Una fría mañana, los hermanos limpiaron la estufa y la llenaron de leña. Uno de ellos empapó la leña con una lata de queroseno que llevaron y encendió el fuego. La explosión hizo temblar el viejo edificio. El fuego mató al hermano mayor y quemó terriblemente las piernas del otro. Más tarde se supo que alguien había llenado accidentalmente la lata de queroseno con gasolina.

El médico que atendió al muchacho lastimado recomendó amputar las piernas del joven. Los padres estaban desconsolados. Ya habían perdido a un hijo, y ahora su otro hijo iba a perder las piernas. Pero no perdieron la fe. Pidieron al médico que pospusiera la amputación y el médico consintió. Todos los días le pedían que siguiera retrasándola y rezaban para que las piernas de su hijo de algún modo sanaran y él se recuperara. Durante dos meses, los padres y el médico discutieron si se amputaban o no. Entretanto, ellos utilizaron este tiempo para infundir en el muchacho la creencia de que algún día volvería a caminar.

Jamás se le amputaron las piernas, pero cuando por fin se le retiraron los vendajes, descubrieron que la pierna derecha del muchacho era unos siete centímetros más corta que la otra, y que los dedos del pie izquierdo habían quedado casi totalmente calcinados. Sin embargo, la determinación del muchacho era inflexible. Aunque el dolor que sufría era inaguantable, se obligó a hacer ejercicio a diario hasta que se decidió a dar algunos pasos a pesar del tormento. Poco a poco se fue recuperando hasta que al final el joven tiró sus muletas y empezó a caminar casi normal. Al poco tiempo ya estaba corriendo.

Este joven determinado siguió corriendo y corriendo y corriendo, y esas piernas que llegaron muy cerca de ser amputadas, lo llevaron a un récord mundial en la carrera de los 1500 metros. ¿Su nombre? Glenn Cunningham, a quien se le llegó a conocer como "El ser humano más rápido del mundo", y en Madison Square Garden fue nombrado atleta del siglo.

The Speaker's Sourcebook

Si

Si puedes conservar la cabeza cuando todos a tu
  alrededor
La están perdiendo y te culpan por ello;
Si puedes confiar en ti mismo cuando todos dudan de ti,
Pero permites también sus dudas;
Si puedes esperar y no cansarte de esperar,
O si te mienten y por ello no respondes con mentiras,
O si te odian y no das cabida al odio,
Y sin embargo no te muestras demasiado bueno, ni hablas
  con demasiada sabiduría;

Si puedes soñar, y no dejas que tus sueños te dominen;
Si puedes pensar, y no dejas que el pensar sea tu objetivo,
Si puedes afrontar el Triunfo y el Desastre
Y tratas a estos dos impostores del mismo modo;
Si puedes soportar escuchar la verdad que acabas de
  expresar
Desfigurada por pillos para hacer una trampa para tontos,
O mirar las cosas por las que diste tu vida, destrozadas,
Y condescendiente las restableces con herramientas
  desgastadas;

Si puedes hacer un montón con todas tus ganancias
Y apostarlo a cara o cruz,
Y perder, y empezar de nuevo desde el principio,
Y jamás hablar sobre tu pérdida;
Si puedes forzar a tu corazón y nervios y vigor
Para tener tu turno hasta después de que todos se han
    ido,
Y seguir adelante cuando ya no hay nada en ti
Excepto la Voluntad que les indica: "¡Sigan adelante!".

Si puedes hablar ante las multitudes y conservar tu
    virtud,
O caminar con Reyes, y no perder tu comunicación con el
    pueblo,
Si ni tus adversarios ni tus amorosos amigos te pueden
    lastimar,
Si todos los hombres cuentan contigo, pero ninguno
    demasiado;
Si puedes llenar el inexorable minuto
Con sesenta segundos que valgan la pena recorrer,
Tuya es la Tierra y todo lo que está en ella,
Y, lo que es más, ¡tú serás un Hombre, hijo mío!

Rudyard Kipling

Desperté sin pelo

Hagas lo que hagas, quiérete por hacerlo.
Sientas lo que sientas, quiérete por sentirlo.

Thadeus Golas

Si estás por cumplir 16 años te sitúas frente al espejo y escudriñas cada pulgada de tu cara. Te sientes morir porque tu nariz es demasiado grande y te está saliendo otro barro, además, te sientes como tonta, tu cabello no es rubio y ese muchacho de la clase de inglés todavía no se da cuenta que existes.

Alison nunca tuvo esos problemas. Hace dos años, era una bonita, popular e inteligente estudiante de undécimo grado sin mencionar que era excelente portera del equipo universitario de lacrosse además de salvavidas en la playa. Con su cuerpo delgado y espigado, ojos azul agua y grueso cabello rubio, parecía más una modelo de trajes de baño que estudiante de secundaria. Pero durante ese verano, algo cambió.

Después de todo un día de estar de salvavidas, Alison no podía esperar para llegar a casa, enjuagarse la sal del cabello y desenredárselo. Al echar su melena desteñida por el sol hacia delante, su madre gritó "¡Ali! ¿Qué te hiciste?". Había descubierto una mancha de piel sin pelo en la parte superior del cráneo de su hija. "¿Te lo afeitaste? ¿Pudo haberlo hecho alguien más mientras dormías?" No tardaron en resolver el misterio, Alison debió haberse apretado demasiado la banda elástica alrededor de la cola de caballo. Pronto olvidaron el incidente.

A los tres meses encontraron otra mancha sin pelo, después otra. Al poco tiempo el cráneo de Alison estaba cubierto con manchas sin cabello muy peculiares del tamaño de una moneda. Después de escuchar diagnósticos del tipo "sólo es tensión" y aplicar pomadas tópicas, un especialista empezó a administrarle inyecciones de cortisona, cincuenta en cada mancha, cada quince días. Para ocultar su cráneo, sangrante por las inyecciones, Alison obtuvo permiso de usar una gorra de béisbol en la escuela, algo que se consideraba una violación a las estrictas normas del uniforme. Pequeñas tiras de cabello salían por las escaras, sólo para caerse dos semanas después. Padecía una afección de pérdida de cabello conocida como alopecia y nada la pararía.

El espíritu alegre de Alison y el apoyo de sus amigos la ayudaron a seguir adelante, pero sí hubo momentos de depresión. Como cuando su hermanita entró a su habitación con una toalla enredada en la cabeza para que la peinara. Cuando su madre le desenredó la toalla, Alison vio cómo caía la maraña de cabellos gruesos alrededor de los hombros de su hermana. Al agarrar sus escasos cabellos entre sólo dos dedos, estalló en llanto. Era la primera vez que lloraba desde que había empezado todo esto.

Con el paso del tiempo, un pañuelo sustituyó a la gorra, pues ésta ya no ocultaba la calvicie en su cráneo. Cuando sólo quedaba un manojo de mechones delgados, llegó el momento de comprar una peluca. En lugar de tratar de revivir su cabello antaño largo y rubio, y pretender que no se había perdido nada, Alison prefirió una peluca de cabello castaño rojizo hasta los hombros. ¿Por qué no? La gente se corta y tiñe el cabello todo el tiempo. Con su nuevo aspecto, se fortaleció la confianza de Alison. Incluso cuando se le voló la peluca en el auto de un amigo que llevaba la ventanilla abierta, todos lo tomaron de buen humor.

Pero al acercarse el verano, Alison se preocupó. Si no podía usar peluca en el agua, ¿cómo podría ser de nuevo salvavidas? "¿Por qué, ya no sabes nadar?", le preguntó el papá. Ella captó el mensaje.

Después de usar una incómoda gorra de baño durante sólo un día, se dio valor para salir totalmente al descubierto. A pesar de las miradas y comentarios ocasionales de paseantes poco corteses, como, "¿Por qué se rapan la cabeza, muchachos inútiles?", Alison se adaptó a su nueva apariencia.

Ese otoño regresó a la escuela sin pelo, sin cejas, sin pestañas, y con la peluca escondida en alguna parte de su armario. Como siempre lo había planeado, se postularía para presidenta de la escuela, y cambió sólo un poco su discurso de campaña. Al presentar una proyección de diapositivas de famosos líderes calvos, desde Gandhi hasta Mr. Clean, Alison hizo que estudiantes y cuerpo docente se desternillaran.

En su primer discurso como presidenta electa, Alison mencionó su afección y respondió a las preguntas con afabilidad. Vestida con una camiseta con las palabras "Desperté con el pelo fatal" impresas al frente, señaló su camiseta y manifestó, "Cuando muchos de ustedes despiertan por la mañana y no les gusta cómo se ven, se pueden poner esta camiseta". Después de ponerse otra camiseta sobre la otra, continuó. "Cuando yo despierto por la mañana, me pongo esta." Decía, "Desperté sin pelo". Todos rieron y aplaudieron. Y Alison, bonita, popular e inteligente, sin mencionar que era portera de lacrosse universitario, salvavidas en la playa y ahora, presidenta de la escuela con ojos azul agua, rió también desde el estrado.

Jennifer Rosenfeld y Alison Lambert

¡Lo conseguí!

*La tarea que tenemos frente a nosotros jamás
es tan grandiosa como el poder que tenemos tras
nosotros.*

Alcohólicos Anónimos

MAYO DE 1989

Faltaba sólo un mes para mi graduación de secundaria,
y estaba más decidido que nunca a pasar al estrado de los
graduados en mi silla de ruedas manual. Sabes, nací con
una enfermedad llamada parálisis cerebral, por lo que no
estoy en posibilidades de caminar. Con el objeto de prac-
ticar para la graduación, empecé a usar en la escuela todos
los días mi silla de ruedas manual.

Me era bastante difícil empujarme por todo el campus
todo el día al mismo tiempo que cargaba con cuatro o
cinco libros, pero lo hice. Durante el primer par de días
que usé mi silla manual en la escuela, todos se ofrecían a
ayudarme para ir de clase a clase, pero después de algunas veces de hacer mi comentario en forma chusca, "No
necesito que me ayudes ni quiero tu compasión", todos

captaron el mensaje y me dejaron ir por toda la escuela solo con mi sudor.

Siempre me había sido sumamente satisfactorio usar mi silla de ruedas manual, pero cuando me empecé a empujar yo mismo por toda la escuela, los beneficios personales fueron todavía mayores de lo que imaginé. No sólo me vi yo diferente, mis compañeros de clase también parecieron verme en un nivel diferente. Mis compañeros vieron mi perseverancia y determinación y me respetaron por ello. No me pude sentir más complacido respecto a la liberación emocional y física que mi insistencia en usar mi silla manual trajo a mi vida.

Mientras crecía, mi silla de ruedas eléctrica me significó una tremenda fuente de libertad. Me dio la libertad de moverme por todos lados en formas que no habría podido con mi propia fuerza. Sin embargo, al crecer, comprendí que la silla de ruedas eléctrica que una vez me dio tanta libertad se estaba transformando rápidamente en un obstáculo de confinamiento. Sentía que era una persona independiente, excepto por el hecho que estaba limitado por depender de mi silla de ruedas eléctrica. La sola idea de ser dependiente de algo por el resto de mi vida me frustraba.

Para mí, graduarme de secundaria en mi silla de ruedas manual era un punto simbólico en mi vida. Quería iniciar mi futuro como un joven independiente, no me iba a permitir que me llevara por el estrado de graduados una silla de ruedas eléctrica. No me importaba si fuera a necesitar 20 minutos para cruzar el estrado, lo iba a hacer.

14 DE JUNIO DE 1989

La graduación. Esa noche todos los graduados caminamos alrededor del pabellón con toga y birrete hasta nuestros lugares en el estrado. Yo me senté orgulloso en mi silla de ruedas manual entre los de la primera hilera de mi clase de graduados.

Cuando el maestro de ceremonias dijo mi nombre, comprendí que todo por lo que había luchado desde niño era ahora una realidad. La vida independiente por la que tanto me había esforzado estaba ahora al alcance de mi mano.

Yo mismo me empujé bastante despacio hasta el frente del estrado. Al levantar la vista después de concentrarme en empujar mi silla de ruedas, comprendí que todos en el pabellón me ovacionaban puestos de pie. Lleno de orgullo acepté mi diploma, me giré hacia mis compañeros de clase, sostuve mi diploma arriba de la cabeza y grité tan fuerte como pude, "Lo conseguí . . . lo conseguí . . .".

Mark E. Smith

Estoy creciendo

Parto ahora para destruir al enemigo,
Para librar todo tipo de batallas.
Parto, Madre, ¡me voy!
Por favor, deséame suerte el día de hoy.

Me han crecido las alas, quiero volar,
Capturar mis victorias donde quiera que estén.
Me voy, Mamá, pero por favor no llores,
Sólo déjame encontrar mi camino.

Quiero ver, tocar y oír,
Aunque hay peligros, hay miedos.
Yo esbozaré mis sonrisas y secaré mis lágrimas,
Por favor, deja que diga mi parecer.

Me voy para encontrar mi mundo, mis sueños,
Cincelar mi nicho, suturar mis grietas,
Recuerda que mientras navego por mi propio curso,
No dejaré de amarte ni un momento.

Brooke Mueller

Un nuevo inicio

Junio de 1996

Querido graduado,

¡Bueno, ya está! Se terminó la graduación y estás listo para empezar el viaje de la vida. Sé que tienes muchos sentimientos entremezclados. Eso es lo curioso en la mayoría de los grandes momentos de la vida, rara vez constan de sólo una emoción. Pero está bien, eso ayuda a que los buenos momentos sean más preciados y los no tan buenos, más soportables.

He pasado mucho tiempo tratando de imaginar qué consejo de sabiduría te podría transmitir. Esta es una de las partes más difíciles de ser padre, determinar lo que hay que decir y lo que hay que dejar para que tú mismo descubras. Al final decidí ofrecerte sólo una ligera idea de las principales interrogantes de la vida. Hay personas que van por la vida sin dedicarles ni un mínimo pensamiento. Pésimo, ya que al buscar las respuestas, uno puede descubrir algunas cosas maravillosas. También puede ser frustrante, cuando piensas que has encontrado la respuesta, sientes que necesitas hacerte otra pregunta.

(Lo que explica el por qué incluso a mi muy avanzada edad todavía no tengo ninguna respuesta.) Sea como fuere, espero que al compartir contigo este pequeño trozo de mí misma y de mi alma te ayude de algún modo cuando te surjan las preguntas.

¿Quién? Me llevó algún tiempo comprender que esta es quizás la pregunta más importante de todas. Tómate el tiempo que necesites para descubrir quién eres y para ser tú mismo. Lucha por ser sincero, respetuoso y feliz. Cuando estés en paz contigo mismo, todo lo demás se amoldará en su lugar. Sólo ten cuidado en no envolver tu identidad con posesiones. Permítete crecer y cambiar. Y recuerda siempre que no estás solo, que tienes a tu familia, tus amigos, tu ángel de la guarda y a Dios (no necesariamente en ese orden).

¿Qué? Esta es engañosa, y al principio a mí me confundió. Pensé que la pregunta era, "¿Qué voy a hacer hoy?". Sin embargo, encontré que todo resultaba más interesante si preguntaba, "¿Qué es mi pasión?". Descubre lo que arde en tu interior y te permite seguir adelante, y entonces foméntalo. Desármalo y reconstrúyelo. Haz lo que quieras con él, pero nunca lo apartes de tu vista. Hazlo porque eso es lo que quieres hacer. La alegría que te traerá te permitirá seguir adelante a través de momentos de desaliento de la vida.

¿Cuándo? Esta es furtiva. No la ignores. Te mantendrá en equilibrio. Hay cosas que es mejor hacerlas ahora. El posponerlas por lo general sólo genera más trabajo. Pero recuerda que hay una estación para cada cosa y a veces es mejor dejar ciertas cosas para otro día. Por difícil que sea, recuerda tomarte tu tiempo para descansar y disfrutar el milagro de cada nuevo día. Con práctica, reconocerás el placer de hacer algunas cosas ahora y el deleite único de esperar y planear otras.

¿Dónde? Es sorprendente que ésta sea la más sencilla.

Siempre tendrás la respuesta en ti si conservas tu hogar en tu corazón y pones tu corazón en lo que tú llames hogar. Sé parte activa de tu comunidad y descubrirás el encanto especial de sentirte apreciado. Recuerda siempre que los actos más sencillos de amabilidad pueden causar un gran impacto, y que tú *puedes* cambiar el mundo. *¿Por qué?* Nunca dejes de preguntar esta. Es la que te hará seguir creciendo. Deja que sea así. Deja que te desafíe cuando te hayas vuelto demasiado complaciente. Deja que te grite cuando estés tomando decisiones. Deja que te susurre al oído cuando pierdas de vista quién eres o dónde quieres estar. Pero también necesitas ser cuidadoso con ella. A veces la respuesta no llega en años, y a veces nunca llega. El reconocer este hecho básico te puede mantener en tus cabales y permitirte seguir adelante. *¿Cómo?* ¡Ah! Esta es en la que no te puedo dar consejo. A esta le darás tú mismo respuesta a tu modo muy especial. Pero ya has llegado tan lejos en los años anteriores, que sé que triunfarás. Sólo recuerda creer en ti mismo y en milagros. Recuerda que los descubrimientos más maravillosos llegan después de tropezar con preguntas. Y por favor recuerda siempre que te quiero.

Felicidades en tu nuevo inicio.

Con amor,

Mamá

Paula (Bachleda) Koskey

¿Más sopa de pollo?

Muchos de los relatos y poemas que aparecen en este libro fueron enviados por lectores como ustedes que habían leído otros libros de *Sopa de pollo para el alma*. En un futuro pensamos publicar más libros de *Sopa de pollo para el alma*. Lo invitamos a que escriba para uno de estos próximos volúmenes.

Los relatos pueden tener hasta 1.200 palabras y deben ser algo que edifique o inspire. Puede ser original o algo recortado del diario local, de una revista, del boletín de su iglesia o una circular de su empresa. También puede ser una de sus citas predilectas que lea con frecuencia o una experiencia personal que lo haya conmovido profundamente.

Además de otras tazas de *Sopa de pollo para el alma*, algunos de los libros que pensamos publicar son: otra taza de *Sopa de pollo para el alma de la mujer, Sopa de pollo para el alma cristiana, Sopa de pollo para el alma del adolescente*, como también *Sopa de pollo . . . para el alma del que ama a los animales, para el alma del niño, para el alma del campesino, para el alma del optimista, para el alma del afligido, para el alma del perseverante, para el alma de los divorciados* y *para el alma de las parejas*.

Basta con que nos envíe una copia de su relato u otro material en inglés, y nos indique para cuál de las publicaciones está destinado, a la siguiente dirección:

Chicken Soup for the Soul
P.O. Box 30880 • Santa Barbara, CA 93130
teléfono: 805-563-2935
fax: 805-563-2945
página de Internet: *http://www.chickensoup.com*

También nos puede encontrar bajo "chickensoup" en America Online.

Apoyo para adolescentes

Con el ánimo de apoyar a adolescentes de todo el mundo, seleccionamos las siguientes organizaciones para que reciban una parte de las ganancias que genera la venta de este libro:

Challenge Days es un programa comprometido para que nuestras escuelas y el mundo en general sea un mejor lugar para los niños. Para terminar con las provocaciones, violencia y opresión en los campus, se reúne a adultos y jóvenes. Al abrirse corazones y mentes, se libera el poder para crear un cambio positivo. Para hacer reservaciones para los talleres o recibir información, comunícate a:

Challenge Associates
P.O. Box 23824 • Pleasant Hill, CA 94523
teléfono: 510-930-6206 • fax: 510-935-3120

El proyecto del listón amarillo es una organización no lucrativa que ayuda a prevenir el suicidio de los adolescentes.

Te puedes poner en contacto con esta organización para que te ayuden a establecer un programa del listón amarillo en tu escuela o comunidad, o para recibir un listón amarillo para ti o tus amigos a:

The Yellow Ribbon Project
P.O. Box 644 • Westminster, CO 80030
teléfono: 303-429-3530 • fax: 303-426-4496
correo electrónico: *light4life@yellowribbon.org*
página de Internet: *www.yellowribbon.org*

Motivational Media Assemblies (MMA) es una compañía educativa no lucrativa que da servicio a escuelas en los Estados Unidos, Canadá, Australia y Taiwan. Durante los últimos once años, MMA ha llevado sus poderosos programas multimedia a 38 millones de estudiantes en 40.000 escuelas de los Estados Unidos. Estos programas, junto con un curriculum de seguimiento de la clientela, han probado ser una de las herramientas más poderosas para promover cambios positivos de conducta y actitud en los estudiantes. Se hace especial énfasis en las áreas de la educación para el abuso de sustancias y solución de conflictos.

Para recibir información acerca de la organización, ponte en contacto con:

Motivational Media Assemblies
148 S. Victory • Burbank, CA 91502
teléfono: 818-848-1980

¿Quién es Jack Canfield?

Jack Canfield es un autor exitoso y uno de los expertos de Norteamérica destacados en el desarrollo del potencial humano. Es un orador dinámico y entretenido y un entrenador altamente solicitado con una maravillosa capacidad de informar e inspirar al público para que abran sus corazones, para que amen más y para que persigan sus sueños enérgicamente.

Jack vivió su adolescencia en Martin's Ferry, Ohio y en Wheeling, Virginia del Oeste. Jack admite que durante sus años en secundaria era tímido y no tenía confianza en sí mismo, pero que con un gran esfuerzo logró obtener títulos en tres deportes y graduarse tercero de su clase.

Luego de graduarse, Jack enseñó en una secundaria de un vecindario de la ciudad de Chicago y en Iowa. Después de esto, durante la mayor parte de su carrera profesional, enseñó a los profesores cómo habilitar a los adolescentes para que crean en sí mismos y para que persigan sus sueños.

Es el autor y narrador de varios programas de cinta de audio y vídeo exitosos, entre los que se encuentran *Self-Esteem and Peak Performance, How to Build High Self-Esteem* y The GOALS Program. Es un experto comúnmente consultado para transmisiones de radio y televisión y ha publicado catorce libros —todos exitosos dentro de sus categorías.

Jack dirige más de 10 grupos cada año. Entre sus clientes se pueden nombrar asociaciones profesionales, agencias gubernamentales, iglesias, empresas, escuelas y distritos escolares, más de 100 asociaciones escolares y clientes corporativos tales como AT&T, Campbell Soup, Domino's Pizza, G.E., Re/MAX, Sunkist, Supercuts y Virgin Records.

Jack conduce un Programa de Entrenamiento a Entrenadores anual de siete días de duración en las áreas de Construir una autoestima y Lograr un desempeño óptimo. Este programa atrae a educadores, consejeros, entrenadores para la paternidad, entrenadores corporativos, oradores profesionales, ministros y otras personas interesadas.

Para obtener más información acerca de los libros, las cintas y los entrenamientos de Jack o para asegurar su presencia en una presentación, escriba a:

The Canfield Training Group
P.O. Box 30880 • Santa Barbara, CA 93130
teléfono: 805-563-2935 • fax: 805-563-2945

Para enviar correo electrónico o visitar nuestra página web: *http://www.chickensoup.com*

¿Quién es Mark Victor Hansen?

Mark Victor Hansen es un orador profesional que, durante los últimos 20 años, ha hablado ante más de un millón de personas en 32 países en más de 4000 presentaciones en las áreas de estrategias y excelencia de ventas y desarrollo y habilitación personal.

Mark le ha dedicado toda su vida a su misión de marcar una diferencia profunda y positiva en la vida de las personas. A lo largo de su carrera, ha inspirado a cientos de personas para crear un futuro más poderoso y resuelto para ellos mismos mientras estimulaban la venta de servicios y mercaderías por valor de miles de millones de dólares.

Mark ha escrito una gran cantidad de libros, entre ellos *Future Diary, How to Achieve Total Prosperity* y *The Miracle of Tithing* y ha sido el coautor de once libros, por ejemplo *Chicken Soup for the Soul* (Sopa de pollo para el alma), *A 2nd Helping of Chicken Soup for the Soul, A 3rd Helping of Chicken Soup for the Soul, Chicken Soup for the Soul Cookbook, Dare to Win* y *The Aladdin Factor* (todos con Jack Canfield).

Además de hablar y escribir, Mark ha creado una biblioteca completa de programas en cintas de audio y vídeo que les permitió a sus oyentes reconocer y utilizar sus propias capacidades innatas en sus negocios y sus vidas personales. Su mensaje lo ha convertido en una personalidad popular de televisión y radio, con apariciones en ABC, NBC, CBS y HBO.

Mark apareció también en la portada de muchas revistas, incluyendo *Success* y *Changes. Success Magazine* informó sus logros en la portada de la edición de agosto de 1991.

Mark es un gran hombre con un corazón y un espíritu

igualmente grandes —una inspiración para todos los que buscan mejorar.

Puede comunicarse con Mark escribiendo a:

711 W. 17th Street, #D2
Costa Mesa, CA 92627
teléfono: 949-759-9304 • 800-433-2314

¿Quién es Kimberly Kirberger?

Kimberly Kirberger ha disfrutado de muchos éxitos en su vida, pero el éxito del que más se enorgullece es que muchos adolescentes la llamaran amiga. Cuando comenzó a compilar *Chicken Soup for the Teenage Soul* (Sopa de pollo para el alma del adolescente) con Jack y Mark, resolvió que todas las decisiones finales las tomaran los mismos adolescentes. Para lograr esto, ella convocó y trabajó con un grupo de adolescentes que en primer lugar identificaron los temas que querían que se cubrieran y luego la ayudaron a seleccionar los relatos que cubrían mejor esos temas. Para Kimberly, lo más importante fue que este libro estuviera dirigido sola y únicamente a adolescentes.

Kimberly es la gerente de edición de la serie de libros *Sopa de pollo para el alma*. Trabaja de cerca con los autores, coautores, editores y colaboradores, asegurándose de que todos los libros contengan esa magia especial de la *Sopa de pollo*. Debido a que actualmente se están escribiendo, compilando y editando 30 libros de *Sopa de pollo*, está muy ocupada.

Kimberly también es una diseñadora de joyas mundialmente reconocida y es la creadora de la Colección Kimberly Kirberger. Esta colección se vende en 150 de las tiendas departamentales y boutiques más elegantes de la nación, Nordstrom incluida. Recientemente se ha hecho conocida por su "Charms for the Soul" ("Encantos para el alma"), que contiene citas inspiradoras basadas en la serie *Sopa de pollo para el alma*. Ha diseñado joyas para una gran cantidad de programas de televisión y películas, entre ellas *Melrose Place*, *Friends* y *Mrs. Doubtfire*.

Kimberly también está orgullosa de llamar hermano a Jack Canfield y confirma que, desde que los dos eran jóvenes, ella supo que él iba a hacer algo importante y genial. Ella recuerda cuando él salía de la escuela secundaria y le contaba a ella cuentos que entretenían al mismo tiempo que enseñaban una lección. Kimberly es la coautora de los próximos *Chicken Soup for the Parent's Soul* (Sopa de pollo para el alma de los padres) y *A 2nd Helping of Chicken Soup for the Teenage Soul* (Sirviéndose por segunda vez sopa de pollo para el alma del adolescente). Para obtener mayor información acerca de las joyas de Kimberly o futuros libros de *Sopa de pollo*, comuníquese con:

Kimberly Kirberger
P.O. Box 936 • Pacific Palisades, CA 90272
teléfono: 310-573-3656 • fax: 310-573-3657
e-mail: *jewels24@aol.com*

Colaboradores

Varios de los relatos de este libro fueron extraídos de libros o revistas que hemos leído. Estas fuentes son reconocidas en la sección Licencias. Autores y oradores especializados en trabajos con adolescentes colaboraron con muchos de los relatos y poemas. Si usted quisiera comunicarse con ellos para obtener información acerca de sus libros, cintas y seminarios, puede hacerlo a los domicilios y números telefónicos provistos a continuación.

Los lectores como usted, que han leído nuestros libros de la serie *Sopa de pollo para el alma* anteriores y que respondieron a nuestro pedido de relatos, colaboraron con la mayoría de los relatos.

Más de la mitad de estos relatos los escribieron adolescentes. Hemos incluido también información sobre ellos.

El Dr. Eric Allenbaugh es un consultor en administración, un destacado orador a nivel nacional y el exitoso autor de *Wake-Up Calls: You Don't Have to Sleepwalk Through Your Life, Love or Career*. Eric ha sido invitado a aproximadamente 300 programas radiales y televisivos para hablar de temas de liderazgo y de la vida. A menudo sus seminarios se describen como "que cambian la vida". Usted puede comunicarse con él llamando a Allenbaugh Associates, Inc., en Lake Oswego, Oregon, al 503-635-3963 o enviando un e-mail a *eric@allenbaugh.com*.

Kif Anderson está obteniendo una reputación como orador único que mezcla la magia, la motivación y la alegría para elevar a su público a nuevas alturas de inspiración. Él escribe una columna mensual para la revista on-line *Lighten Up! America* y es el autor de muchos trabajos sobre magia. Kif está trabajando actualmente en su primer libro importante, titulado *Reaching Beyond Perceived Realities*. En 1991 fue galardonado con el distinguido Premio al Mago de Comedia del Año. Usted puede comunicarse con Kif escribiendo a P.O. Box 577, Cypress, CA 90630, por e-mail al *magicalmotivator@themall.net*, o llamando al 562-272-7363.

blue jean magazine es una alternativa de las revistas que centran su atención en la belleza y el glamour cuyo objetivo son las mujeres jóvenes. *blue jean* no tiene publicidades y no incluye consejos de belleza, fotografías de la última moda ni supermodelos. El directorio de la editorial, que es el motor de *blue jean* *magazine*, está compuesto por un diverso grupo de mujeres jóvenes que se remiten a lo que realmente importa: publican lo que las mujeres jóvenes piensan, dicen y hacen. *blue jean* hace un esbozo de las verdaderas mujeres jóvenes a punto de cambiar el mundo. Para obtener mayor información, llame al 716-654-5070.

Jason Bocarro se encuentra actualmente estudiando para obtener su doctorado en la Universidad A&M de Texas. Originario de Londres, Inglaterra, Jason ha pasado los últimos cinco años trabajando con jóvenes con problemas en Nueva Escocia, New Hampshire y Texas. Es el coautor de la monografía *Alternatives to Incarceration: Prevention or Treatment* y actualmente está trabajando en un nuevo libro, *Humorous Stories Within Education*. Usted puede comunicarse con él en: 306 First St., College Station, TX 77840, o llamando al 409-846-8207.

Eva Burke estudia en la Central Florida Community College y está planificando transferirse a la Universidad de Central Florida para obtener su título como trabajadora social. Eva ha escrito desde que era pequeña, y su primer amor en la escritura fue por la poesía. Usted puede comunicarse con ella escribiendo a P.O. Box 14787, Gainesville, FL 32604.

Jack Cavanaugh cubre los deportes para el *New York Times*. También ha escrito mucho para *Sports Illustrated* y una gran cantidad de otras publicaciones nacionales, incluyendo *Reader's Digest*, el *Sporting News, Golf Digest*, la revista *Tennis* y *American Way*, la publicación para los aviones de American Airlines. Como escritor deportivo, ha cubierto cientos de los eventos deportivos más importantes, entre ellos las Olimpíadas, la World Series, el Super Bowl, un sinnúmero de peleas por los títulos, los Abiertos de tenis y golf de Estados Unidos, el torneo de golf de Maestros, y la Copa Davis. Durante un período en que estuvo alejado de la prensa escrita, fue periodista de noticieros en ABC News por seis años y, luego, en CBS News por dos años. Cavanaugh ha dictado cursos de escritura en la Universidad de Connecticut y en la Norwalk Community y Technical College en Norwalk, Connecticut. Su libro *Damn the Disabilities: Full Speed Ahead* se publicó en 1995. Vive en Wilton, Connecticut.

Diana L. Chapman ha sido periodista por más de 11 años, trabajando para periódicos tales como el *San Diego Union, Los Angeles Copley Newspapers,* y *Los Angeles Times*. Se especializa en cuentos de interés humano. A Diana le diagnosticaron esclerosis múltiple en 1992 y actualmente está trabajando en un libro acerca de temas relacionados con la salud. Estuvo casada durante ocho años y tiene un hijo, Herbert "Ryan" Hart. Usted puede comunicarse con ella llamando al 310-548-1192 o escribiendo a P.O. Box 414, San Pedro, CA 90733.

Nick Curry III nació en Corea y lo adoptó una familia norteamericana cuando tenía cuatro años de edad. Este chico completamente norteamericano fue el presidente de su clase, jugó al fútbol y al béisbol, ¡y "jugaría al golf por comida"! Asiste a la Academia de Golf del Sur en Orlando, Florida.

Melissa Esposito escribió este ensayo mientras estaba en la secundaria en 1992. En ese entonces tenía 16 años. Hoy, Melissa es una estudiante del segundo año en la universidad. Extraña a sus dos pequeñas hermanas, Emma y Kathryn. Kathryn nació después de que Melissa escribiera el ensayo, y Melissa le dio la bienvenida a la familia sin la ansiedad que Emma creó originalmente.

Jennie Garth ha estado interpretando durante siete años el papel de "Kelly" en la serie *Beverly Hills, 90210* de Fox Television. Entre el grupo que formaba el elenco, desde entonces Jennie se ha convertido en una de las estrellas que nacieron de una de las series más exitosas de la historia de la red Fox. Comenzó como protagonista de películas para televisión en 1993, tales como "Star" de Danielle Steel, y también protagonizó y fue productora ejecutiva de "Sin consentimiento" para ABC. A continuación pasó producir su proyecto más reciente, "Perdiendo la inocencia". Jennie nació en Champaign, Illinois, se mudó a Phoenix cuando tenía 13 años y a los 15 se mudó a Los Angeles con su madre para perseguir su sueño de actuar.

Lisa Gumenick tiene 15 años de edad y es alumna de primer año de la secundaria Palisades en Pacific Palisades, California. Vive con su madre, su padre y su hermana. Su hermano mayor estudia en la Universidad Brown. A Lisa le encanta tener amigos, hablar, bailar y dibujar.

Barbara Hauck es actualmente alumna de segundo año de la secundaria y disfruta de su gato, atletismo, música, matemáticas, computación, escribir y dibujar. Entusiasmada con el polo como deporte, Barbara espera asistir a una universidad donde pueda jugar al polo a escala competitiva.

Andrea Hensley ha trabajado para los Campamentos del Ejército de Salvación, un programa que extiende una mano a los niños, durante cinco veranos. Actualmente, Andrea trabaja como maestra suplente en el Distrito Escolar Renton. Usted puede comunicarse con Andrea en 12037 64th Ave. South, Seattle, WA 98178.

Jennifer Love Hewitt encarna a Sarah Reeves en la serie dramática de FOX ganadora del Globo de Oro, *Party of Five*. Se la puede ver en la pantalla grande en tres películas nuevas este año: *I Know What You Did Last Summer*, *Trojan War* y *Telling You*. Una vocalista dotada, su último álbum con Atlantic Records, *Jennifer Love Hewitt*, se lanzó en 1996.

Ashley Hodgeson, de 15 años, comenzó su carrera de escritora con un sensacional ensayo sobre un héroe personal que escribió en quinto grado. Sus logros con respecto a la escritura le despertaron ambiciones en otras áreas: académicas (4.0 GPA), discurso, pistas (ha corrido desde sexto grado) y proyectos de ciencia.

Jim Hullihan es un productor de películas conocido mundialmente y un diseñador de refugios líder cuyos programas de reuniones de los medios de comunicaciones de motivación aparecen anualmente ante 4 millones de personas. Como creador de la primera revista para adolescentes en CD-ROM de Estados Unidos titulada *Sweet! Digizine*, Jim es el experto líder en motivación en la educación secundaria de Estados Unidos. Usted puede comunicarse con él en 148 S. Victory, Burbank, CA 91502, o llamando al 818-848-1980.

Kaleel Jamison trabajó como consultora de desarrollo de organizaciones hasta que falleció en 1985. Ella escribió muchos artículos sobre liderazgo, interacciones humanas y habilitación. Su trabajo lo está llevando a cabo la empresa The Kaleel Jamison Consulting Group, Inc., 279 River St., Ste. 401, Troy, NY 12180; teléfono: 518-271-7000, *e-mail: http://www.kjcg.com*.

Randal Jones es un orador profesional y residente de Re: Think. Dicta seminarios de habilidades de pensamiento y administración personal, ayudando a las personas a vivir y a trabajar deliberadamente para lograr una satisfacción y eficiencia máxima. Usted puede comunicarse con él en 4307 Lealand Lane, Nashville, TN 37204, o llamando al 615-292-8585.

Paula (Bachleda) Koskey es la madre feliz de dos maravillosos rehenes de hormonas (alias: adolescentes), HopeAnne y Luke, y un postadolescente (¡uf!), Jesse. Le gustaría agradecerles a sus hijos por toda la inspiración y el aliento —y a Clairol por cubrir las canas. Ella mantiene su equilibrio escribiendo, caminando, comiendo chocolate y creyendo en los milagros. Paula es la autora de un libro para niños titulado *Secrets of Christmas*. Usted puede comunicarse con ella escribiendo a 1173 Cambridge, Berkley, MI 48072, o llamando al 810-542-0376.

Tom Krause ha sido un educador/entrenador en Missouri durante los pasados 18 años. Sus muchas experiencias con alumnos de todas las edades lo han llevado a una colección de cuentos cortos y poemas. Usted puede comunicarse con Tom escribiendo a P.O. Box 274, Aurora, MO 65605, o llamando al 417-678-4904.

Chris Laddish es un estudiante de primer año en la secundaria Terra Linda en San Rafael, California. Siempre disfrutó de la escritura y ha obtenido dos años seguidos el primer lugar en el concurso de Escritura Literaria Philips. Espera convertirse en un guionista o periodista. Chris disfruta de andar en bicicleta por la montaña, patinar y navegar por Internet. Es el más pequeño de seis hermanos y ha vivido en San Rafael toda su vida.

Alison Lambert es miembro de la clase del 2000 en la Universidad de Pensilvania en Filadelfia. Es una técnica certificada en medicina de emergencia con la compañía de bomberos voluntarios #1 de Newton Square en Newton, Pensilvania. También es vigilante de playa en Long Beach Township, New Jersey. Usted puede comunicarse con ella en e-mail: *alambert@sas.upenn.edu*.

James Malinchak, de 27 años, es el autor de dos libros para estudiantes: *Teenagers Tips for Success* (Claves para adolescentes para lograr el éxito) y *From College to the Real World* (De la universidad al mundo real). Se especializa en presentaciones de inspiración y motivación para adolescentes y alumnos de la universidad de todo el mundo y lo llaman "El motivador norteamericano de adolescentes No. 1". Para obtener mayor información acerca de sus charlas o libros, comuníquese con él escribiendo a P.O. Box 3944, Beverly Hills, CA 90212, o llame al 954-796-1925, o envíe un e-mail a *JamesMal@aol.com*.

Paula McDonald ha vendido más de un millón de copias de sus libros sobre relaciones, y ha ganado numerosos premios en todo el mundo como columnista, escritora de artículos sobre inspiración y periodista gráfica. Regularmente escribe para *Reader's Digest* y otras revistas, y fue invitada a varios programas de televisión importantes de Estados Unidos, como *The Today Show* y *Larry King Live*. Para Paula, la vida es una aventura sin fin para vivir a pleno. Reside felizmente en la playa de Rosarito, México. Paula está disponible como oradora o escritora, y usted puede comunicarse con ella a través de Creative Consultants, 417 W. San Ysidro Blvd., Suite L724, San Ysidro, CA 92173, teléfono/fax: 011-52-66-313173, e-mail: *102526.356@compuserve.com*.

Rick Metzger es un orador nacionalmente reconocido que centra su atención en cómo ser el mejor utilizando las capacidades y talentos que cada uno de nosotros posee. Desde atleta profesional hasta sus campeonatos de pesas nacionales y mundiales, comprende la motivación y la imposición de metas y comparte sus mensajes con millones de personas. Comuníquese con él en 33 N. Melody Lane, Waterville, OH 43566, o llame al 1-800-215-TALK (8255).

Chick Moorman es el director del Instituto para el Poder Personal, una empresa consultora dedicada a proveer actividades de desarrollo profesional de alta calidad a educadores y padres. Su último libro, *Where the Heart Is: Stories of Home and Family*, celebra la fuerza, el amor, la tolerancia, la esperanza y el compromiso de la familia. Usted lo puede solicitar por $14,95 a Personal Power Press, P.O. Box 5985, Saginaw, MI 48603, o llamando al 1-800-797-4133.

Brooke Mueller tiene 17 años de edad y ha residido en Anchorage, Alaska, toda su vida. Cuando tenía 8 años comenzó a escribir, además de sus otros pasatiempos como dibujar y tocar el piano. También disfruta de las muchas experiencias de vivir en Alaska, como cazar alces americanos y caribúes, pescar y esquiar.

Kent Nerburn es un autor, escultor y educador que ha estado profundamente involucrado en temas y educación de norteamericanos nativos. Ha sido director de proyecto para dos libros de historia oral, *To Walk the Red Road* (Caminar por la línea roja) y *We Choose to Remember*. También ha editado tres libros altamente aclamados sobre temas concernientes a norteamericanos nativos. Kent ganó el Premio al Libro de Minnesota en 1995 por su libro *Neither Wolf nor Dog: On Forgotten Roads*. El cuento *Primero quiere a la gente* apareció en el libro de Kent *Letters to My Son*. Kent tiene un doctorado en teología y artes y vive con su familia en Bemidju, Minnesota.

Theresa Peterson es una alumna de secundaria y miembro activo de su iglesia. Durante su tiempo libre lee, escribe y se divierte con sus amigos. Es una persona afectuosa cuya fidelidad hacia sus amigos y su familia es admirable.

John Powell, S.J., es profesor en la Universidad Loyola de Chicago. Es un conferencista, maestro y autor exitoso muy popular que une con eficiencia la psicología y la religión en un enfoque unificado hacia el crecimiento personal y el desarrollo espiritual. Para obtener mayor información acerca de cualquiera de los libros de John Powell, llame a Thomas More Customer Service al 1-800-822-6701.

Daphna Renan es actualmente alumna de primer año de la Universidad de Yale. Se mudó seis veces antes de entrar a sexto grado, y fue durante esos primeros años que aprendió la importancia de las amistades profundas y duraderas. A Daphna le gustaría das las gracias a aquellas personas que la llenaron con amor, risas y enseñanzas.

Sheila K. Reyman es una instructora certificada de la universidad comunitaria. Consultora/entrenadora para un programa familiar de cuidados de los niños, Sheila presenta talleres por todo el estado. También la invitaron para hablar con adolescentes sobre imposición de metas y actitudes positivas. Usted puede comunicarse con ella escribiendo a P.O. Box 20987, Mesa, AZ 85277, o llamando al 602-807-1965.

Jennifer Rosenfeld es una consejera de carreras y actualmente está escribiendo *Building Your Yellow Brick Road: Real Women Create Extraordinary Career Paths* (Construyendo su propio camino amarillo: las mujeres de verdad crean extraordinarios caminos hacia la carrera). Le encantaría oír más perfiles de carreras inspiradores y usted puede comunicarse con ella llamando al 212-794-6050.

Bill Sanders logra un impacto dinámico sobre la vida de los adolescentes a través de su ministerio de oratoria de todo el país. Es el autor de 13 libros y muchos programas en cinta, y actualmente escribe dos libros por año. Bill Sanders y su familia viven en Kalamazoo, Michigan.

Jack Schlatter es un famoso orador, escritor y personalidad de grabaciones. Frecuente colaborador de los libros de la serie *Sopa de pollo para el alma*, se lo puede ver y escuchar en las versiones de audio y vídeo de la serie *Sopa de pollo para el alma*. Es el protagonista del exitoso *Gifts by the Side of the Road* de Career Track. Jack está anotado en la lista de *Who's Who Among Teachers in America*, y sus charlas están llenas de humor, sabiduría e inspiración. Usted puede comunicarse con él escribiendo a P.O. Box 577, Cypress, CA 90630, teléfono: 714-879-7271, e-mail: *jackschlatter@themailnet.*

Veronica A. Shoffstall es miembro de la fe Baha'i, que enseña que todas las personas parten de una misma raza y fueron creadas nobles por un solo Dios. Toda su vida ha intentado hacer reflexionar al mundo a través de las palabras. Ahora, con alrededor de 45 años de edad, intenta recuperar la sabiduría de su juventud y aprender las lecciones expresadas en su poema *Después de un* *tiempo*, que escribió cuando tenía 19 años. Usted puede comunicarse con ella en 229 East 25th Street, #4D, Nueva York, NY 10010.

Mark E. Smith es un solicitado autor y orador de inspiración. Cada año comparte con miles de personas las invalorables lecciones que ha aprendido de vivir con parálisis cerebral. Para obtener la autobiografía de Mark ($11,95 + $3 de gastos de envío), o para solicitar que hable en su función, escriba a 27 Goree, Martinez, CA 94553, o llame al 510-228-8928.

Jason Summey es un alumno de primer año de secundaria, de 14 años de edad, que se maneja frente al público como un profesional de 40 años de edad. Habla comúnmente sobre su programa "Sé audaz, quédate en la escuela" y actualmente está escribiendo un libro sobre el tema. Comuníquese con él escribiendo a P.O. Box 16844, Asheville, NC 28816.

Terri Vandermark se graduó en la secundaria de Johnson City en 1983. Luego de graduarse pasó los primeros cinco años como consejera para personas de la tercera edad y aún disfruta ayudando a otras personas. Actualmente está trabajando a tiempo completo como encargada de la sección de cunas para Felchar Mfg., una división de Shop Vac Corp. Disfruta de escribir, de leer *Sopa de pollo para el alma*, de estar enamorada de Randy y de estar con su amiga especial, Tonya. Su último sueño se hizo realidad —publicar su cuento en *Sopa de pollo para el alma del adolescente*.

Glenn Van Ekeren es un dinámico orador y entrenador dedicado a ayudar a las personas y organizaciones a incrementar al máximo su potencial. Glenn es el autor de *The Speaker's Sourcebook, The Speaker's Sourcebook II* y el famoso *Potential Newsletter* (Boletín informativo potencial). Glenn tiene disponibles una amplia variedad de publicaciones y presentaciones en audio y vídeo. Usted puede comunicarse con él escribiendo a People Building Institute, 330 Village Circle, Sheldon, IA 51201, o llamando al 1-800-899-4878.

Sarah J. Vogt nació y creció en Columbus, Indiana. Actualmente reside en Florida del Sur y trabaja como analista de redes/PC para una empresa importante. Sarah tiene un título universitario de la Universidad Atlantic de Florida en administración de empresas. Las computadoras son su pasatiempo y su sustento, y la escritura es su pasión. Usted puede comunicarse con ella en 80 Catalpa Way, Columbus, IN 47203.

Mary Jane West-Delgado es fisioterapeuta y autora de cuentos cortos y caricaturas. Es presidente de Toe Bumpers, Inc., creando productos de seguridad para el hogar divertidos y decorativos. Usted puede comunicarse con Mary Jane llamando al 805-688-1372 o enviando un e-mail a *delgado@terminus.com*.

Sharon Whitley es una ex maestra de escuela bilingüe que también enseñó educación especial en una escuela secundaria. Su trabajo ha aparecido en *Reader's Digest* (incluyendo 18 ediciones internacionales), *Los Angeles Times*

Magazine, Guideposts y el *San Diego Union-Tribune.* Usted puede comunicarse con ella en 5666 Meredith Ave., San Diego, CA 92120, teléfono: 619-583-7346.

Amy Yerkes es actualmente una alumna de la Universidad de Maryland, College Park. Está planificando una carrera en relaciones públicas y disfruta escribiendo poesía en su tiempo libre. Usted puede comunicarse con ella en 50 Rainbow Trail, Denville, NJ 07834, o llamando al 201-625-2690.

Bettie B. Youngs, Ph.D., es una de las voces más respetadas de la nación si se trata de la educación de jóvenes y padres. Es la autora de 14 libros publicados en 30 idiomas, incluyendo *Values From the Heartland, Gifts of the Heart: Stories That Celebrate Life's Defining Moments* y *You and Self-Esteem: A Book for Young People,* del cual se extrajo este pasaje. Comuníquese con ella en 3060 Racetrack View Dr., Del Mar, CA 92014.

La señora Link. Reproducido con autorización de Susan Daniels Adams. ©1996 Susan Daniels Adams.

Un regalo para dos. Reproducido con autorización de Andrea Hensley. ©1996 Andrea Hensley.

Dígaselo al Mundo por mí. Reproducido con autorización de John Powell, S.J. ©1996 John Powell, S.J.

Primero quiere a la gente. Reproducido con autorización de Kent Nerburn. ©1995 Kent Nerburn.

Cada primavera florecen las lilas. Reproducido con autorización de *blue jean magazine*. ©1996 *blue jean magazine*.

El pincel. Por Lee Ezell y según reproducio en *You and Self-Esteem: A Book For Young People*. ©Bettie B. Youngs, Rolling Hills Estate: Jalmar Press.

Una larga caminata a casa. Reproducido con autorización de Jason Bocarro. ©1996 Jason Bocarro.

El precio de la gratitud. Reproducido con autorización de Randal Jones. ©1996 Randal Jones.

Las eternas dádivas. Reproducido con autorización de Jack Schlatter. ©1996 Jack Schlatter.

Yo soy . . . Reproducido con autorización de Amy Yerkes. ©1996 Amy Yerkes.

Sparky. Reproducido con autorización de *Bits & Pieces*. The Economics Press, Inc., Fairfield, N.J. 07004. 800-526-2554.

Sólo un trago. Reproducido con autorización de Chris Laddish. ©1996 Chris Laddish.

Muerto a los 17. Reproducido con autorización de John Berrio. ©1967 John Berrio.

Ganador de la medalla de oro. Reproducido con autorización de Rick Metzger. ©1996 Rick Metzger.

Sé audaz . . . ¡Quédate en la escuela! Reproducido con autorización de Jason Summey. ©1996 Jason Summey.

Valor en acción. Reproducido con autorización de Fleming H. Revell, una división de Baker Book House Co. Condensado de *Goalposts: Devotions for Girls* por Bill Sanders. ©1995 Bill Sanders.

Enciende tu luz. Reproducido con autorización de Eric Allenbaugh. ©1995 Eric Allenbaugh. Condensado de *Wake-Up Calls: You Don't Have to Sleepwalk Through Your Life, Love or Career*.

El ala rota. Reproducido con autorización de Jim Hullihan. ©1996 Jim Hullihan.